メグルとワタル

空を見上げて歴史の話をしよう

雪ノ光
Yuki no Hikari

三省堂

はじめに

「天気」は私たちの生活において、とても身近なものです。

天気次第で、その日に着ていく服や持ち物を決めたり、予定を変更したりますよね。天気が良ければ海水浴やキャンプ、スノボなどを楽しめる一方、天気が悪ければ電車が遅れたり、体調に支障をきたしたりすることもあります。小麦が不作になればパンの値段が上がるかもしれません。猛暑、大雪、雷、台風などによって、ときには生死に関わることもあります。

もちろん、現代の私たちだけでなく、過去の人々も、天気に大きな影響を受けてきました。天気が歴史を変えてしまうことだってあります。三国志の「赤壁の戦い」では、軍師の諸葛《しょうかつ》孔明《こうめい》が偏西風《へんせいふう》を利用したという説があります。戦の天才・ナポレオンは、大雪と寒さの「冬将軍」に敗れてロシアから撤退しました。大航海時代、コロンブスたちは恒常風《こうじょうふう》の風向きを利用して何度も世界の航海を成功させました。第二次世界大戦の大勢を決定づけたノルマンディー上陸作戦は、正確な気象情報が勝敗を分けました。

この本は、「天気」を軸に日本の歴史を振り返ることで、歴史を気軽に学びながら、自然や環境への興味も掻き立てる、そのような構成を心がけました。読み終わった後、新しい視点が生まれているはずです。ぜひ楽しんでください。

もくじ

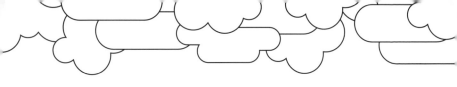

第3章 夕涼みのお囃子講義

第4章 ブルーハワイな熱帯夜講義

第5章 夏の余韻のナイアガラ熟議

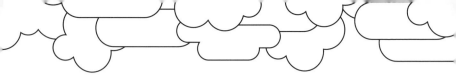

登場人物

メグル
Meguru

中学3年生。バスケットボール部。アニメや映画が好きで歴史アニメにはまり中。それをきっかけに日本の歴史に関心が出てきている。

ワタル
Wataru

小学6年生。メグルの弟。得意な教科と苦手な教科の差が激しく、たまにミナカタに勉強を教えてもらっている。雨の日は大好きなスケボーができないため、家でひたすらゲーム実況の動画を見ている。

ミナカタ
Minakata

45歳。メグルとワタルの伯《お》父《じ》。外資系IT会社に勤務。あることが発端となって歴史を研究中。つねに「ミナカタメモ」を持ち歩いている。

プロローグ

せっかくの花火大会なのに……雨!?

「雲の種類って、いくつあるか知ってるかい？」

雨宿りをしながら、ミナカタは問いかけた。

「え、いくつだろう」

メグルは、とっさの質問に見当も付かない。

「100個くらいはあるんじゃない？」

ワタルは、当てずっぽうで答えた。

8月1日。

都心から中央線に揺られて約1時間の、山に囲まれたある駅。そこから10分ほど南へ歩くと、大きな湖が見えてくる。その日は湖畔で花火大会が開かれるため、多くの人でにぎわっていた。

ミナカタは、姪《めい》のメグルと甥《おい》のワタルを連れ、数年ぶりにこの花火大会を訪れていた。

人の波にもまれながら湖近くの会場までたどり着くと、突然の雨に見舞われる。お祭りの和やかな雰囲気は一転し、会場は慌ただしくなった。

ミナカタは傘を差すと、メグルとワタルをその下へ入れる。ギュッと体を寄せて2人がなるべく濡れないよう配慮しながら、近くの建物の軒下へ入り込んだ。

「花火は、中止になるかな？」

心配そうに空を見ながら、ワタルがつぶやく。

「大丈夫。この雨は1時間以内には止《や》むはずだよ」

ミナカタは笑顔で答えた。

「それまでの間、少しここで雨宿りをしようか」

どうやら飲食店のようだが、シャッターは閉まったままだ。湖畔の商店街の高齢化が進み、後を継ぐ人もいないため、閉店が続いているらしい。細々と続けているお店も、お祭りの忙しさに対応できず、稼ぎ時であってもあえて休みにするところもあるようだ。

時刻は15時12分。花火大会が始まる19時30分まで、まだ時間は十分ある。

しばらく3人で、軒下から人々を眺めていた。浴衣が濡れないよう、慌てて屋台の屋根の下へ駆け込む女性。お祭りの雰囲気とビールで良い気分になり、雨に濡れても気にしない男性。車の中で待機しようと、急いで駐車場へ戻るファミリー。

雨宿りをして5分ほど経った頃、ミナカタはおもむろに2人に冒頭の質問をした。メグルとワタルの不安な気持ちを、少しでもやわらげようとしたのかもしれない。

第 1 章

通り雨の軒下《のきした》講義

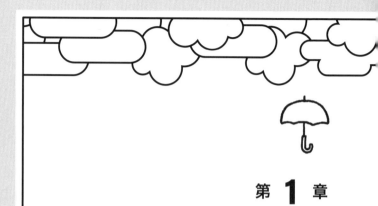

ミナカタは、アメリカの大学に留学し、気象学を学んだ。気象予報士になる夢を封印し、大学卒業後、友人が始めた小さな商社で働き始める。しかし2年で倒産。日本に帰国し、外資系ＩＴ会社に就職した。それから20年が経つ。

あるきっかけで「歴史資料保全活動」に参加したことがある。先祖代々住んできた農家の蔵など、日本各地に眠る歴史資料を、災害などで消失してしまう前に保全したり、被災後に修復したりする活動だ。以来、歴史も学んでいる。

「おじさん、お天気キャスターになりたかったんでしょ」

メグルが空を見ながら質問した。

「お。お母さんから聞いたの？　正確には気象予報士だけどね」

雨雲の様子を見ながらミナカタは笑顔で答えた。

「そういえばこの前、学校の図書室で本を読んでいたら、鎌倉時代の出来事が書かれていたのだけれど」

スマホでSNSをチェックしながらワタルが話し出す。

「鎌倉時代にモンゴル帝国が攻めてきて、日本が大ピンチに陥ったんだよね」

「うんうん、『モンゴル襲来』のことだね」

「そのとき、ちょうど日本に台風がきて、モンゴル軍を直撃し撃退したって。それって本当？『神風』っていうらしい。2回攻めてきて、2回とも台風が起こるなんて、そんなうまいことあるかなあ」

「そのような本を読むなんて、ワタルくんは歴史に興味があるの？」

　ミナカタは、腕時計でちらりと時間を確認した。

「お父さんが大河ドラマを見ているから、何となく歴史の本を読んでみようかなって」

「そうなんだね。歴史と天気というのは、とても関係が深くて、天気がその後の歴史を大きく変えてしまったというケースは、意外と多くあるんだよ」

「へえ〜！　そうなの？」

「雨があがるまでもう少しかかりそうだから、よかったらその話でもしようか」

「うん、聞いてみたいな！」

　暇そうに空を眺めていたメグルは、目を輝かせてうなずいた。

「僕も聞いてみたい！　でも難しい話はしないでね」

　ワタルも顔を上げてミナカタのほうを向き、うなずいた。

「できるだけやさしく説明するから、大丈夫だよ。もし難しいことばや、聞き慣れないことばがあれば、どんどん聞いてね」

　こうして雨宿りの「軒下講義」が始まった。

季節風に翻弄された遣唐使
日本に戻れなかった阿倍仲麻呂

「遣唐使《けんとうし》」って聞いたことある？

前に授業で習ったよ。日本から中国へ派遣された人たちのことだよね。

その通り。飛鳥時代から平安時代にかけて、日本は中国へ、頻繁に使節を派遣していた(※)。当時、中国は「唐《とう》」という名前だったので、「遣唐使」というんだ。「派遣」というのは、ある任務を与えてほかの場所へ行かせることだけれど、その任務とは何だと思う？

※最初に派遣したのが６３０年、その後、民間でも交流が活発化するなどして、菅原道真の建議により８９４年に停止した

中国で学んできてもらうため？

正解！　当時、中国は、世界でも最新の技術や制度、法律を持った先進国だった。日本はそれらを学ぶため、定期的に中国へ使節を送っていたんだ。日本というのは島国なので、漁業をするにも、ほかの国と貿易をするにも、こうしてほかの国へ学びに行くにも、船の存在は欠かせなかった。この時代、船はどうやって動いていたかわかるかい？

風の力かな。

そう、遣唐使を乗せた遣唐使船は、風の力を借りることで、日本と唐を行き来することができた。つまりは風まかせだ。遣唐使船は長さが約30メートルあり、1隻に約120人乗れたらしい。良い風に恵まれれば、だいたい4日〜7日ほどでアジア大陸に到着した。一方で、風に恵まれなければ、または、暴風雨に見舞われれば、遭難してしまう。

　機械の力を利用する船が登場してまだ200年足らず。人類は約6000年前に船による航海を始めたといわれているので、その大半が「風の力」で航海していたということだ。そのため、天気というのはとても重要だったんだ。

当時の人は、日本から中国のほうへ、そして中国から日本のほうへ、いつ風が吹くか、知って

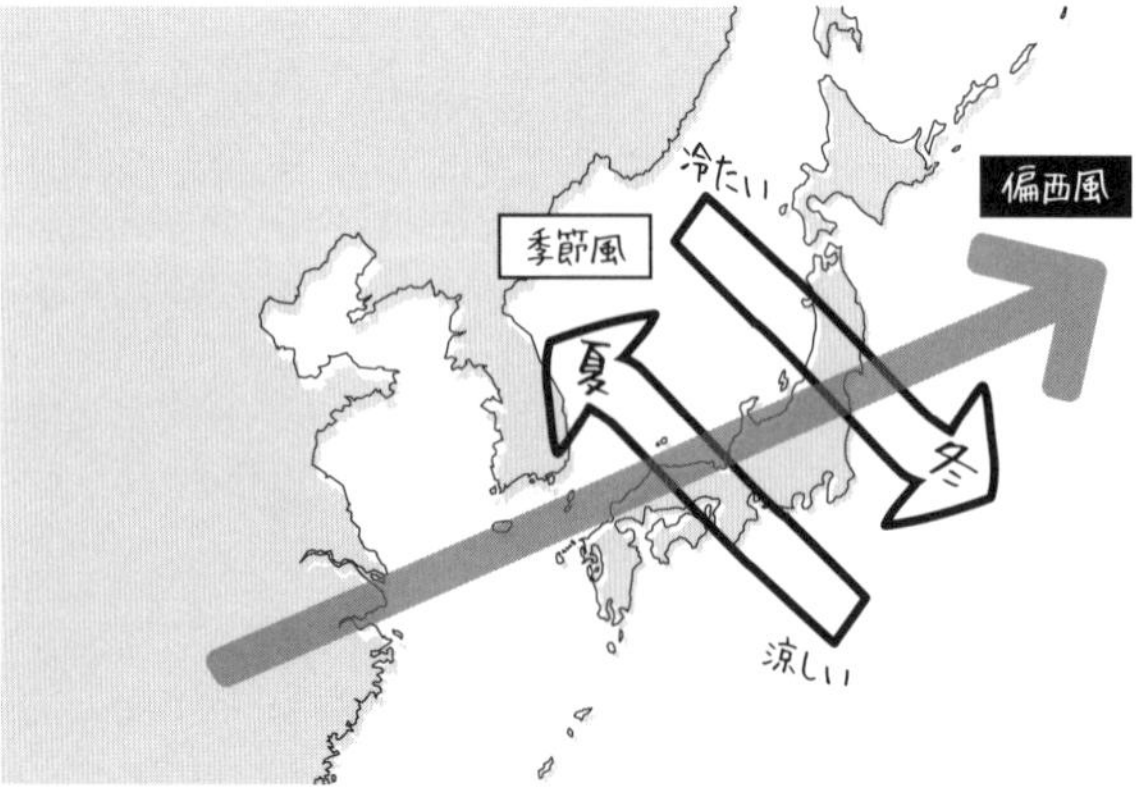

「季節風」は夏と冬とで風向きが変わる。一方、「恒常風」は年間を通してほぼ同じ方向へ吹いており、日本は特に「偏西風」の影響が大きい。

いたってこと？

記録を調べると、日本を出発したのは現在の8月～9月がほとんどだ。風が太平洋側からアジア大陸方面へ吹く、「**夏の季節風**」を利用していたといわれている。逆に、日本へ帰るときは、風がアジア大陸方面から太平洋側へ吹く、「**冬の季節風**」を利用したんだ。

季節風って？

地上を吹く風は、大きく2つに分けることができるんだ。一つは、年間を通してほぼ同じ方向へ吹いている「**恒常《こうじょう》風**」。もう一つは、夏と冬とで風向きが変わる「**季節風**」だ。

恒常風には、地球の周りを西から東へ向かって吹いている「**偏西風《へんせいふう》**」や、逆に、東から西へ向かって吹いている「**貿易風《ぼうえきふう》**」などがある（※）。日本は偏西風の影響を受けやすく、天気が西から東へと変わることが多いのもそのためなんだ。天気予報で「西から天気が下り坂」と解説しているのをよく聞くよね。

※偏西風は、緯度がおよそ35度～65度の地域で、貿易風は、緯度がおよそ30度以下の地域で、それぞれみられる。なお、風は、「吹いてくるもとの方向」をつけて呼ばれる。例えば「南西」風は、「南西から北東に向かう」風のこと

うん。「西風に乗って、西から東へと天気が崩れていくでしょう」という意味なんだね。

その通り。九州から東京へ向かう飛行機は、東京から九州へ向かう飛行機よりも早く着くの

だけれど、それも偏西風の流れのためだよ。一方の季節風は、夏は太平洋からアジア大陸方面へ、冬はアジア大陸から太平洋へと、風向きが変わるんだ。**夏と冬に定期的に風向きが変わり、しかも逆方向に変わる**ので、特にインド洋周辺では、季節風を利用した航海や貿易が古くから行われていた。

えと……、風には「恒常風」と「季節風」がある。「恒常風」は吹く方向がだいたい一定方向の「偏西風」や「貿易風」などがある。「季節風」は吹く方向が夏と冬で変わる。こういうことだね。

なぜ季節風は、夏と冬で風向きが変わるの？

夏に、太陽による強い日差しが、アジア大陸を暖めると、アジア大陸の地上の気温が高くなる。**暖かい空気というのは、上へ向かう**んだ（P35の図参照）。するとその下に潜り込むように、太平洋から温度の低い空気が、流れ込んでいく。つまり、太平洋からの風が、アジア大陸へと吹いてくる。そのため、途中にある日本にも、涼しい「南風」が吹いてくるんだ。

　逆に、日差しの弱い冬は、アジア大陸が冷えているので、アジア大陸の冷たい風が、太平洋に向かって吹き込む。すると、途中にある日本にも、「木枯らし」と呼ばれるような、冷たくて強い風が、びゅーっと通って行く。

夏に湿気が多いのは、季節風が関係しているの？

そうそう。夏の季節風というのは、海から来た風なので、水蒸気を多く含んでいるんだ。さらにこの風が日本列島の山にぶつかると、雨が降る。だから日本の夏は、太平洋側に雨が降りやすくなるんだよ。

　季節風は「モンスーン」とも呼ばれる。夏に、太陽の強い日差しによって、インドなどの南アジアや、チベットの高原などの陸地が温められると、そこへ、水蒸気をたくさん含む海からの風が流れ込む。すると、「**積乱雲**」という雲のかたまりが生まれ、これが一気に雨を降らせることがある。

冬が乾燥しているのも、季節風が関係しているの？

そうだよ。今話したように、冬は、アジア大陸からやって来る冷たい風が、日本を通って、太平洋へ吹いていく。日本に来る前に、風が日本海から大量の水を運んでくるんだ。

　この水蒸気が雲を生み、日本列島の山にぶつかって雨や雪を降らせる。日本列島の山は高いので、雲はなかなか越えられない。そのため日本の冬は、日本海側の天気が荒れやすくなるんだ。「雪起こし」と呼ばれたりする、世界でも珍しい冬の雷が起こることもある。そして太平洋側には、雨や雪が降って水分がなくなり乾燥した「からっ風《かぜ》」が、山を超えて吹いてくる。それで、冬の太平洋側は乾燥した晴れが続くんだ。

　このように、**季節風は、陸と海の「温度差」によって発生する**んだよ。遣唐使船に話を戻すと、当時の人たちはこうした季節風をうまく活用して、海を行き来したってわけだ。

季節風の特徴を把握していたんだね。

漁師などから聞いて、「だいたいこの時期に、こうした風が吹く」という特徴は知っていただろうけれど、季節風のメカニズムまではわからなかっただろう。当時は当然、現代ほど細かな天気予報はできなかったし、季節風に加えて、偏西風の流れに伴う気圧の動向も絡んでくるので、天候によっては航海が失敗し、途中で沈没したり、漂流したりすることも珍しいことではなかった。
　諸説あるけれど、遣唐使というのは、約２００年の間にだいたい20回ほど派遣されていて、無事に戻ってきたのは7割ぐらいだろうか。残りは戻れていないんだ。

当時は、海を超えてアジア大陸へ渡ることは、命がけだったんだね。

そうだね。だから一つ一つの船にドラマがあったはずだ。例えば、阿倍仲麻呂《あべのなかまろ》という人がいた。７１７年、留学生として遣唐使船で唐へ渡る。唐で「科挙《かきょ》」と呼ばれる、エリート公務員として採用されるための難しい試験を受けたところ、見事合格。現地で働くことになっ

た。当時の皇帝にも気に入られていて、かなり出世したといわれている。

外国で官僚になって活躍するなんて、すごいなあ。

36年間を唐で過ごし、いよいよ日本に帰国しようと、日本に戻る遣唐使船に乗って出航した。しかし、途中で船が座礁し、漂流してしまうんだ。季節風の読みを誤って逆風にあったためとも、嵐に遭遇したためともいわれている。唐の南方、今のベトナム北部に流れ着き、そこで現地人の襲撃に遭う。そして、乗員約１８０名のほとんどが殺されてしまった。

ええ！

皇帝の助けによって、仲麻呂は何とか唐の都・長安に戻ることができたものの、日本の地を再び踏むことはなく、そのまま長安で生涯を終えたんだ。

とてもドラマティックな人生ね……。

唐の僧侶、鑑真《がんじん》もまた、波乱に満ちた生涯だ。日本からの招きに応じて来日を試みるが、弟子たちの妨害や暴風雨などに見舞われ、何度も渡航に失敗してしまう。心労がたたって体調を崩し、両目を失明してしまうのだけど、７５３年、６度目のチャレンジで、日本へ戻る遣唐使船に乗り込み、ようやく来日が叶ったんだ。その後日本で死去するまでの10年、日本に

おける仏教の発展に力を尽くした。

風の力が頼りとなると、たしかに天気というのは、ものすごく重要だね。

普段はあまり違いを気にしたことはなかったけれど、「天気」と「天候」って、何か意味に違いはあったりするの？

「天気」や「天候」のほかにも、「気候」や「気象」など、似たことばがいろいろあるよね。実はそれぞれ、少し意味が違うんだ。「**天気**」(※)は、今だったり、今日や明日、あさってだったり、**ある時間帯における、ある地点の、「大気の状態」のこと**だよ。

※気象庁では天気を「気温、湿度、風、雲量、視程、雨、雪、雷などの気象に関係する要素を総合した大気の状態」と定義している

「天候」とはどう違うの？

「**天候**」(※)も、天気と同じく「大気の状態」のことをいうのだけれど、天気が「ある時間帯における」だったことに対し、天候は「ある期間における」のように、天気と比べて、**対象となる時間的な幅が広い**ニュアンスで使われることが多いんだ。

※気象庁では天候を「天気より時間的に長い概念として用いられ、5日から1カ月程度の平均的な天気状態をさす」と定義している

「気候」は？

「**気候**」（※）は、「天気」や「天候」よりも、さらに時間的な幅が広く、**その地域を特徴づけるような大気の状態や、天気・降水量・風などの傾向、つまり「パターン」**のことだよ。「日本では、日本海側の冬は雪や雨の日が多い」「ロンドンは、緯度のわりに冬は暖かく、夏は東京よりずっと涼しい。降水量は年間を通じてほぼ均一」「シンガポールは、年間を通して高温多湿で降水量が多い」とかね。日本の四季も「気候」だね。

※気象庁では気候を「ある程度長い期間における気温や降水量などの大気の状態のこと」と説明している

ふむふむ、じゃあ「気象」のほうは？

今話した大気の状態やパターンを知るためには、気温、気圧、水蒸気の量などの「大気の変化」を観測する必要がある。空気が動けば風が吹く。空気の中の水蒸気が水になったり氷になったりする。その結果、雲ができたり、雨が降ったり、雪が降ったり、雷が起きたり、虹が出たりする。これが大気の変化だ。こうした、**地球を取り巻く大気の中で起こる自然現象**を「**気象**」と呼ぶんだ。

大気の中で起こる現象が「気象」。それらを観測してわかったあるパターンが「気候」。普段の生活では皆、それらの違いは気にせずに、ひっくるめて「天気」と言っているよね。

そうだね。雷が鳴っているときは「何だか怖い天気だなあ」で、「何だか怖い気象が起こっ

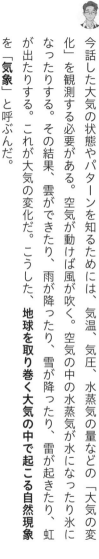

ているなあ」とは言わないよね。「天気」ということばは「気象」ということばと比べて、私たちの生活により密着していることばなんだね。専門家でもない限り、あまりこれらの違いを気にせずに、わかりやすいことばを使えばいいと思うよ。

　さて、話を戻そう。最初の遣唐使が唐へ派遣されたのが６３０年であり、その頃、朝鮮半島では、高句麗《こうくり》、百済《くだら》、新羅《しらぎ》の３つの国が争っていた。

　中でも強大だったのが高句麗だ。中国を統一した唐が、たびたび朝鮮半島を攻めるも、すべて高句麗が食い止めていた。その間に、百済は新羅を頻繁に攻撃。怒った新羅は唐と組んで、百済を挟み撃ちにして滅ぼしてしまった。６６０年のことだ。滅ぼされた百済の王族は日本に助けを求めた。日本人が百済で役人として働くこともあったりと、百済と日本は昔から仲が良かったんだ。

朝鮮半島の争いに日本が関わってくるんだね。

当時の斉明天皇《さいめいてんのう》と中大兄皇子《なかのおおえのおうじ》は、百済の再興を掲げ、朝鮮半島へ出兵することにした。

　６６３年、朝鮮半島の西に位置する白村江《はくそんこう》という河口で、日本軍は、唐と新羅の連合軍と激突。「白村江の戦い」だ。ちなみに「白村江」は、中国と百済と日本の読み方を合体させて「はくすきのえ」と呼ばれることもあるよ。

どっちが勝ったの？

日本は大敗してしまったんだ。唐や新羅の追撃を恐れた日本は、侵攻に備えて防衛体制を強化することになる。その際、対馬《つしま》や壱岐《いき》の島の沿岸に「防人《さきもり》」と呼ばれる兵士を配置して見張りをさせた。対馬と壱岐は日本と朝鮮半島の間に位置するため、アジア大陸側との友好・交流の場となることもあれば、大陸側との争いに巻き込まれることもある。地理上、重要な役割を果たしてきたんだ。

さらに、筑紫国《つくしのくに》（※）に、「水城《みずき》」と呼ばれる土塁で造られた巨大な城を築いた。これは、外交や防衛の要として九州におかれていた、朝廷の出先機関である「大宰府《だざいふ》」という役所の守りを固めるためだ。大宰府に何かあれば、九州地方の統率が上手くとれなくなり、万が一、陥落してしまったら、日本全体が危機に陥ることになるからね。これらの防衛拠点は、後の鎌倉時代に、モンゴル軍が攻めてくるときに、大いに役立つことになる。

※現在の福岡県のうち東部を除いた範囲。６４５年の大化の改新後、筑前国と筑後国に分割された

結局、唐と新羅は追撃してきたの？

幸いにも追撃してこなかった。北東アジアの最強国家、高句麗との戦いが終わっていなかったし、唐と新羅の関係も悪化し始めていたので、それどころではなくなってしまったんだ。

おお、良かった。

白村江における敗戦は手痛いものだったけれど、日本はそれによって大きな危機意識を持った。「今のままのもろい日本では、ほかの国に攻められたらたまったものではない。一つの国として一致団結しなければマズイぞ」と。そのため、例え突貫工事でも、法律や制度を急速に整備しなければならなかった。「律令国家《りつりょうこっか》」として生まれ変わる必要性を痛感したんだ。

律令国家って何だっけ？

「律《りつ》」は刑罰を定めた法律で、「令《りょう》」は政治を行うためのさまざまな法律だよ。どちらも中国にならって新たにつくられた法律だ。この律と令に基づいて国を治めるので「律令国家」と呼ぶんだ。権力者が勝手に物事を決めるような野蛮な政治ではなく、法律や制度を自分たちで考え、ルールに則《のっと》った政治へと変えていこう。それぞれの地域の有力者たちが好き勝手に権力を持つのではなく、「中央集権」、つまり、天皇を頂点とした国の中央に、権力を集約させて、外国が簡単に手を出せないような力強い国家にしよう。こういうことだね。これは日本にとって大転換だった。

　また、それまでは中国やその周辺国から「倭国《わこく》」と呼ばれていたけれど、日本はこの呼び名にあまりいい印象を持っていなかった。それで、これを機に自分たちの国を「日本」と呼ぶことに決めた。他の国がつけた呼び名を使い続けるのではなく、自分たちで考えた名前にして、「私たちは自立した一つの国なんだぞ」というのを国内外に印象付けようとしたんだ。

そこから「日本」という名前が使われるようになったのね。

白村江の戦いは、負けはしたけれど、日本が新しい国家体制をつくるための大きなきっかけとなったんだ。一方、どうすれば中国と仲直りできるかも考えなければならなかった。

唐へは長い間、遣唐使を派遣していたのに、この戦いで気まずくなってしまったんだね。

白村江の戦いから2年後、唐の使節が戦後処理のために来日した。日本側は丁重にもてなし、約3カ月後に唐まで送っていった。中大兄皇子はこの頃には即位をして、天智天皇《てんじてんのう》になっていたのだけれど、天智天皇は、唐との関係を正常化するため、再び遣唐使を定期的に送ることにした。中央集権を進めるためには、中国の法律や学問をこれまで以上にしっかりと研究する必要があったからね。その後、遣唐使は長らく続き、唐からも使者がやって来るようになり、友好関係が深まっていったんだ。

お、無事に仲直りができたんだね!

ああ。とは言え、白村江の戦いの後も、「唐が日本を討伐しにくる」といううわさが日本国内に流れたりしたので、その真偽を確かめる目的もあったとされている。

唐へ行くついでに、様子も探ってきてね、と。

ちなみに、唐と新羅は６６８年についに高句麗を滅ぼしたのだけれど、朝鮮半島の支配を巡って両者は対立してしまう。何度かの戦いの後、新羅が唐を追い払って、最終的には新羅が朝鮮半島を統一したんだ。

追い風を利用して「ワープ」した源義経
明治維新まで日本を実質的に統治する「武士」が登場

白村江の戦いをきっかけに律令国家として生まれ変わった日本だけれど、10世紀半ば頃になると、徐々に国の体制が衰退し、社会が不安定になってきた。生活や治安、経済を安定させるために、多くの税が必要となる。税の取り立てが厳しくなるので、人々の生活はますます苦しくなる。

悪循環に陥ってしまったんだね。

世の中の不満はピークに達し、土地や財産を守るため、地方で武装した豪族や農民による反

乱が増加していった。これらを鎮圧するために頼られたのが、「武士」だ。

ここから日本の歴史に、武士が登場するんだね。

この武士の成り立ちは、実はよくわかっていないんだ。地方の治安が悪化したことで、荘園《しょうえん》の領主や農民が、自衛のために武装したともいわれているし、反乱を鎮圧するために、朝廷が派遣した貴族の中から、武芸に秀でた人を「兵《つわもの》」などと呼んで職業として認めたともいわれている。いずれにせよ、武士の存在感は次第に増し、一族やお供《とも》を率いた武士たちが結びついて、一大勢力となっていった。その中でも特に強大な勢力を持ったのが、「桓武平氏《かんむへいし》」と「清和源氏《せいわげんじ》」だ。

桓武天皇っていたよね。桓武平氏は、桓武天皇と関係があるの？

よく知っているね。そう、桓武天皇は、７８４年に平城京から長岡京へ、７９４年にさらに平安京へ都を遷都した第50代天皇だね。平氏の中でも、桓武天皇の流れを汲んでいるとされる平氏が「桓武平氏」なんだ。

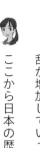

清和源氏は？

源氏にも多くの流派があり、祖とする天皇ごとに「源氏二十一流」と呼ばれる21の流派があったといわれている。源氏の中でも、第56代天皇の清和天皇の流れを汲んでいるとされる源氏を「清和源氏」と呼ぶんだ。

そのような中、朝廷内で大きな内部抗争が起こった。1156年、保元《ほうげん》元年に起こったので「保元の乱」と呼ばれる。この抗争の解決に武士の力を借りたため、朝廷内で武士の存在感は爆上がりする。このとき共に戦ったのが、「伊勢平氏」の棟梁《とうりょう》の平清盛《たいらのきよもり》と、「河内源氏」の棟梁の源義朝《みなもとのよしとも》だ。

平清盛は学校で習ったよ。朝廷も逆らえないほどの権力を手にしたんだよね。

そう、清盛は保元の乱の活躍で強大な権力を手に入れ、義朝との間に確執が生まれ始める。
そして1159年、再び朝廷内で内紛が起こった。平治《へいじ》元年に起こったので「平治の乱」と呼ばれている。これによって清盛と義朝の対立は決定的となり、朝廷を味方につけた清盛に対し、義朝は賊軍とされた。両軍は京都で戦い、義朝軍は壊滅。義朝は敗走中に仲間に裏切られて殺されてしまった。

かつて戦友だったのに、何だか悲しい結末だね。

ああ。でも義朝には子がいて、義朝が東国に築いた基盤と、子に与えた高い身分は、その後の源氏再興につながることになるんだ。

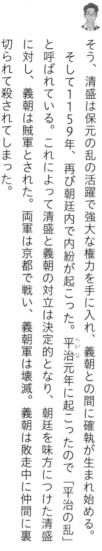

その子は、源頼朝《みなもとのよりとも》？

その通り。義朝の長男は、平治の乱の後に捕えられ処刑されていて、次男は平治の乱で命を落とした。三男がこの頼朝だ。平治の乱の後、頼朝は伊豆へ流刑《るけい》にされている。「流刑」というのは、辺境の地や離島へ、罪人として追放し、そこで強制的に生活させたり、働かせたりすることだよ。

なぜ、義朝の子なのに、頼朝は処刑されなかったの？

平治の乱はあくまで朝廷内の争いのため、それに加担した武士の一族すべてを処罰するのは重すぎるのではないかということで、命だけは助けられたという説もあるけれど、何より、頼朝は義朝の子どもたちの中でも身分が格段に高かったんだ。長男や次男は、義朝の側室、つまりは正式な奥さんの子ではなかった。一方で頼朝は、正室、つまり正式な奥さんの子だ。正室から見たら長男ということになる。この奥さんは熱田《あつた》神宮という伝統的な神社の大《だい》宮司《ぐうじ》（※）の娘で、熱田神宮の伝承では「由良姫《ゆらひめ》」と呼ばれている。

※伊勢神宮や熱田・香取・鹿島・宇佐などの神社の神官の長

伝統のある神社の流れをくむ子を処罰するのは、さすがに朝廷や平家も気が引けたのか。

頼朝は伊豆で挙兵し、各地に散っていた兄弟や、源氏にゆかりのある人たちも加わり、強大な勢力となる。「一ノ谷の戦い」「屋島の戦い」「壇ノ浦の戦い」を制し、ついに平家を滅亡させた。

父親が罪人として殺され、自身も流罪となった時点で、普通は絶望しそうだけれど、そこからの逆転劇がすご過ぎるなあ。

血筋、縁、運までも味方にした。でも行動しなければそれらはつかみとれなかっただろう。そして「屋島の戦い」においては、天気をも味方につけた。

どういうこと？

これらの戦いで活躍した有名な武将は誰かわかるかい？

源義経《みなもとのよしつね》！

正解！「一ノ谷の戦い」に破れた平家は、讃岐国《さぬきのくに》の屋島《やしま》を拠点にした。現在の香川県高松市の北東付近だ。ここで平家は、強力な水軍をつくり、瀬戸内海の制海権を握った。そして再び源氏と戦うための力を蓄えていた。

一方で源氏は、水軍をほとんど持っていなかったので、平家を攻めあぐねていた。１１８５

年1月10日、京都を出発した義経は、摂津国《せっつのくに》の渡辺津《わたなべのつ》（※）に到着するとしばらくそのままとどまり、付近を拠点としていた武士団、渡辺党《わたなべとう》に味方になるよう説得した。彼らは水軍を持っていたんだ。

※現在の大阪府大阪市の淀川河口にあった港

平家の水軍に対抗するため、地元の武士たちを仲間に引き入れようとしたのね。

義経一行は、2月16日に現在の大阪港を出発。海を渡って一気に四国をめざした。そして、次の日の2月17日には阿波国《あわのくに》の港町、現在の徳島県の勝浦町に上陸した。当時の船は、当然、エンジンなどなく、帆のついた和船で、風を利用してゆっくりと進む。距離にして約120キロの海を渡るには、通常3日はかかっていた。それをたった1日（※）で実現してしまったんだ。そして次の日の2月18日、陸側から平家を急襲した。

※4時間という説や6時間という説など、諸説ある

平家は、源氏は海から攻めてくると思っていただろうから、びっくりしただろうね。

そうなんだ。平家は、源氏が海から来ると見越して、瀬戸内海一帯に兵を分散して配置していた。それなのに、突如、内陸側から源氏の軍が現れたので、大混乱に陥り、我先にと船で逃走してしまった。義経たちの圧勝となったんだ。

何で義経はそんなに早く海を渡れたの？

渡辺津を出航した2月16日は、暴風雨で海が荒れ狂っていた。しかも夜中の2時だ。海の戦いに慣れていない源氏の武将たちは当然、出航に反対したが、義経は敵の意表をつくため、本隊を置き去りにして強行してしまう。義経に従ったのはわずか5つの船、兵士は150人のみだったらしい。暴風雨なので当然、船を運転する船頭も嫌がったが、弓で脅して無理やり出航させたともいわれている。

船頭さん、災難だな……。

船に兵士150人と馬50頭を乗せ、暴風雨を追い風にして、たった1日で平家の拠点近くまで到着してしまった。かなりのスピードだったはずで、まさに命がけの渡航だ。渡辺党の水夫の、舵取りの技術や気象の知見なども相当なものだったのだろう。義経たちが四国に上陸したとき、源氏の本隊はまだ渡辺津にいた。それで平家は完全に油断してしまった。

源氏の本隊が渡辺津に残っていたことも、相手を惑わしたんだね。

江戸時代以降は埋め立てられ、現在は陸続きになっているけれど、当時、屋島は、陸から離れた島だ。そのため、平家の拠点である屋島へは海を渡る必要があった。義経たちは阿波国に上陸後、情報収集を行うと、時間帯によっては潮が引いて浅瀬となり、騎馬で渡れるということがわかった。

浅瀬になった瞬間、騎馬で海を渡り、少数であることがバレないよう周囲に火を放ち、大軍で攻めてきたと思わせ、平家軍へ突撃した。この頃には暴風雨もおさまっていたんだね。まさに義経は自然の特徴を知り、自然を利用したことで勝利したんだ。

でも、義経に従う人たちも命がけだよね。

そうだよね。なので、それについていけない人たちや、義経の天才的な軍略に脅威を感じた頼朝らによって、次第に義経は源氏の中で居場所を失い、最後は頼朝に討たれてしまう。

頼朝のお父さんは、仲間に裏切られて殺されているので、人への警戒心が強かったのかな。

風さえ味方につけてしまうんだものね。そんな人に裏切られたらと思うと、気が気ではないよね。それにしても、海ってどうしてあんなに風が強いの？

「海風《うみかぜ》」と呼ばれる風だね。そもそも「風」ってどうやってできると思う？

あらためて聞かれると、よくわからないなあ。

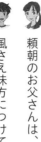

こんなに身近なものなのに、意外と考えたことってないよね。地球には空気がある。水に重さがあるように、**空気にも重さがある**んだ。この重さを背負って私たちは生活をしている。こうした、**空気を押す力、つまり空気の圧力を「気圧」という。**

空気を押す力？　何が空気を押しているの？

空気さ。**空気が空気を押している**んだ。地上の空気は、その上にあるすべての空気の重さが乗っかっているので、すごい「圧」がかかっている。この状態を「**高気圧**」という。満員電車では、人がぎゅうぎゅう押し合っているよね。このように周りから強く押されている状態だ。逆に、上空にある空気は、その上にある空気が少ないため、かかる「圧」は少ない。低い圧力だ。この状態を「**低気圧**」というんだ。

山の上のほうは空気が薄いのは、そのため？

その通り。空気が空気を押す力が弱い、つまり気圧が低い。高いところへ行くとポテトチップスの袋がパンパンに膨らむよね。あれは、ポテトチップスの袋を押す周囲の空気の力が、弱くなっているからなんだ。こうした、高気圧や低気圧の位置関係のことを「**気圧配置**」というよ。空気というのは、気圧が高いところから、気圧が低いところへと流れていく性質を持つ。満員電車でも、なるべく人が少ないスペースに移動しようとするよね。**空気が移動す**

るときに起こるのが「風」だ。

なるほど、風というのは「空気の移動」なんだね。

空気を押す力が強いと、風が強くなる。空気を押す力が弱いと、風が弱くなる。

真夏日、デパートの前を通ったときに自動扉が開くと、中から冷たい風が吹き出てきて「涼しい〜！」ってなるよね。クーラーで気温が低くなっているデパートの中から、気温の高い屋外へ、風が流れて行っているんだ。

海風も同様で、海の上の空気というのは冷たいので、重い。つまり高気圧だ。これが、太陽に暖められて空気が軽くなっている低気圧の陸地へと流れていく。そのため、海から風が吹くんだ。

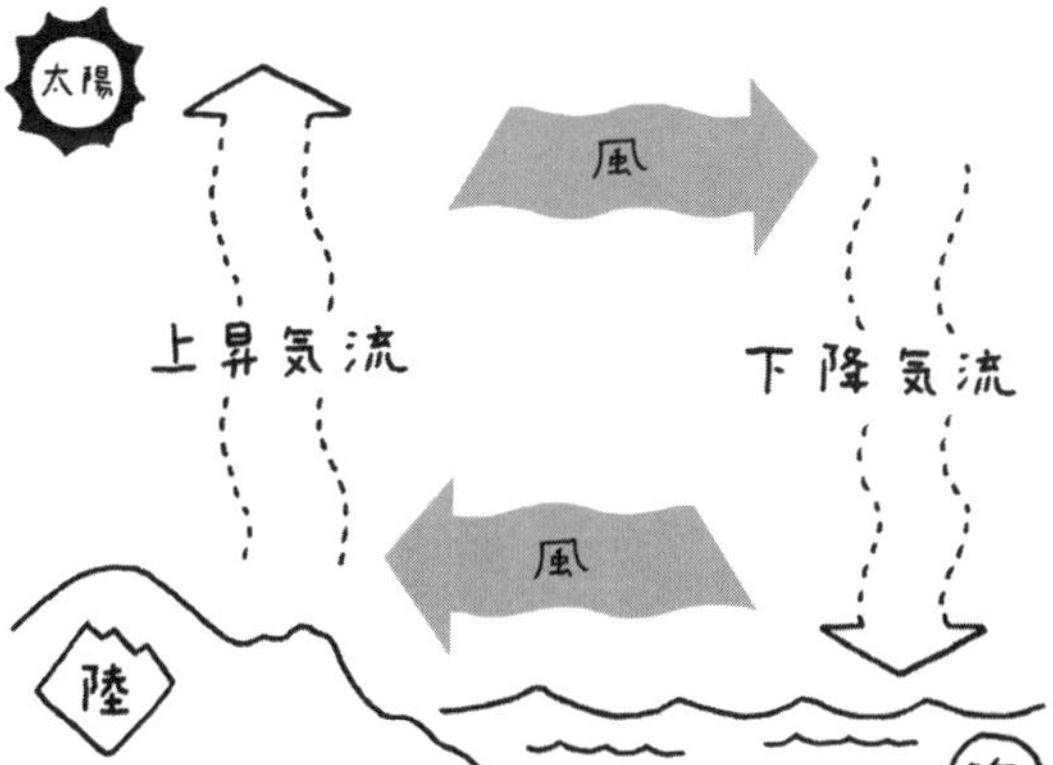

空気は、気圧が高いところから（例えば冷たい海）、気圧が低いところへ（例えば太陽で暖められた陸地）と、流れていく。空気が移動するときに「風」が生まれる。

流れて行った空気は、その後はどこへ行くの？

気圧が低いところには、まわりから空気が流れてくるので、行き場を失って空気が停滞してしまう。すると、空気は仕方なく、空へ昇っていく。「**上昇気流**」が起こるんだ。**これが雲となる。**上昇気流が起こる理由は、ほかにもいろいろあって、太陽の光が当たり、地面が暖められて空気の温度が上がって起こるケースや、山の斜面で空気が持ち上げられて起こるケースなどもあるよ。

気圧の高さや低さというのは、風の流れに関係しているんだね。

気圧というのは目に見えないから、普段はあまり気にしないよね。単に、地上近くが高気圧で、上のほうが低気圧というわけではなく、**空気の温度や密度によって、気圧は複雑に変化する。**だから天気予報というのは難しいんだ。

さて、源平の合戦もクライマックスだ。屋島の戦いで敗走した平家は、武士たちの離反が相次いだ。陸地の拠点を失ったため、海上を漂うことになった。

そして、屋島の戦いから2カ月後の１１８５年４月25日。平家は、流れ着いた長門国《ながとのくに》彦島《ひこしま》の壇ノ浦（※）の海上で、追ってきた源氏と激突する。この「壇ノ浦の戦い」で源氏は勝利し、かつて栄華を極めた平家は、ついに滅亡した。

※現在の山口県下関市の関門海峡にある海岸付近

何だか儚《はかな》いな……。

「神風」はウソ？ ホント？ 世界最大のモンゴル帝国が日本へ襲来

日本で鎌倉幕府が誕生し、北条氏による執権政治が開始された頃、中国では、南部の王朝「南宋《なんそう》」と、北部の征服王朝の「金《きん》」が対立していた。

「征服王朝」って？

中国の主要な民族は「漢《かん》」と呼ばれるのだけれど、漢民族以外の民族が中国の一部を支配して王朝をつくることもあった。それが「征服王朝」だ。金は「女真《じょしん》族」という民族によってつくられた征服王朝だよ。
　この金の、さらに北の草原に、いくつもの遊牧民の集団が住んでいて、争いが絶えなかった。そのような中、テムジンという指導者が、次々と周辺の部族を統一。彼は遊牧民の君主の称号である「ハン」を名前につけて「チンギス・ハン」と名乗り、１２０６年に「モンゴ

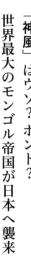

ル帝国」を建国した。

おお、ついにモンゴル帝国の話だね。

中国の国境には、北からの異民族の侵攻を防ぐために大昔に築かれた「万里《ばんり》の長城《ちょうじょう》」と呼ばれる防御壁があったけれど、二代目皇帝のオゴタイ・ハンはこれを越えて中国へ攻め込み、１２３４年、北部の金を滅ぼしてしまった。
　モンゴル軍はさらに進撃し、東ヨーロッパへ遠征して、ロシアを服従させる。ロシアの歴史では、１２４０年のモンゴル軍によるキエフ公国の滅亡から、約２４０年にわたるモンゴル支配を、「タタールのくびき」と呼ぶんだ。

どういう意味？

「タタール」はモンゴルのことで、「くびき」は牛馬の首につける道具のこと。ロシアがモンゴルに押さえつけられていた時代、という意味だ。
　モンゴル軍は、ヨーロッパでも次々と勢力を拡大し、これを何とか阻止しようとするポーランドとドイツの連合軍と、１２４１年に激突するが、モンゴル側が大勝した。この戦いは「ワールシュタットの戦い」と呼ばれ、ヨーロッパ側からしてみたら、ヨーロッパ全体の命運をかけた重要な決戦だったけれど、モンゴル軍としては、局地戦（一部の戦闘）ぐらいにしか思っていなかったらしい。

破竹の勢いだね。モンゴル軍はなぜそんなに強かったのだろう。

遊牧民であり、普段から狩猟や戦闘に慣れていたため、とにかく騎馬隊の質が高い。これに火薬や投石機など、支配した国々の最新の技術も取り入れ、近代風の統率された軍団を組織した。また、幼少の頃から馬を乗りこなしているため、個々の主体性と判断力も高かったのだろう。そうした機動性と最新技術を活かして、柔軟に戦術を組み立てていったんだ。

中国やヨーロッパの軍にも騎馬隊はいたんだよね。それでも敵わなかったの？

質と量が圧倒的に違った。中国やヨーロッパの軍では、馬に乗れるようになり、馬の上で戦う

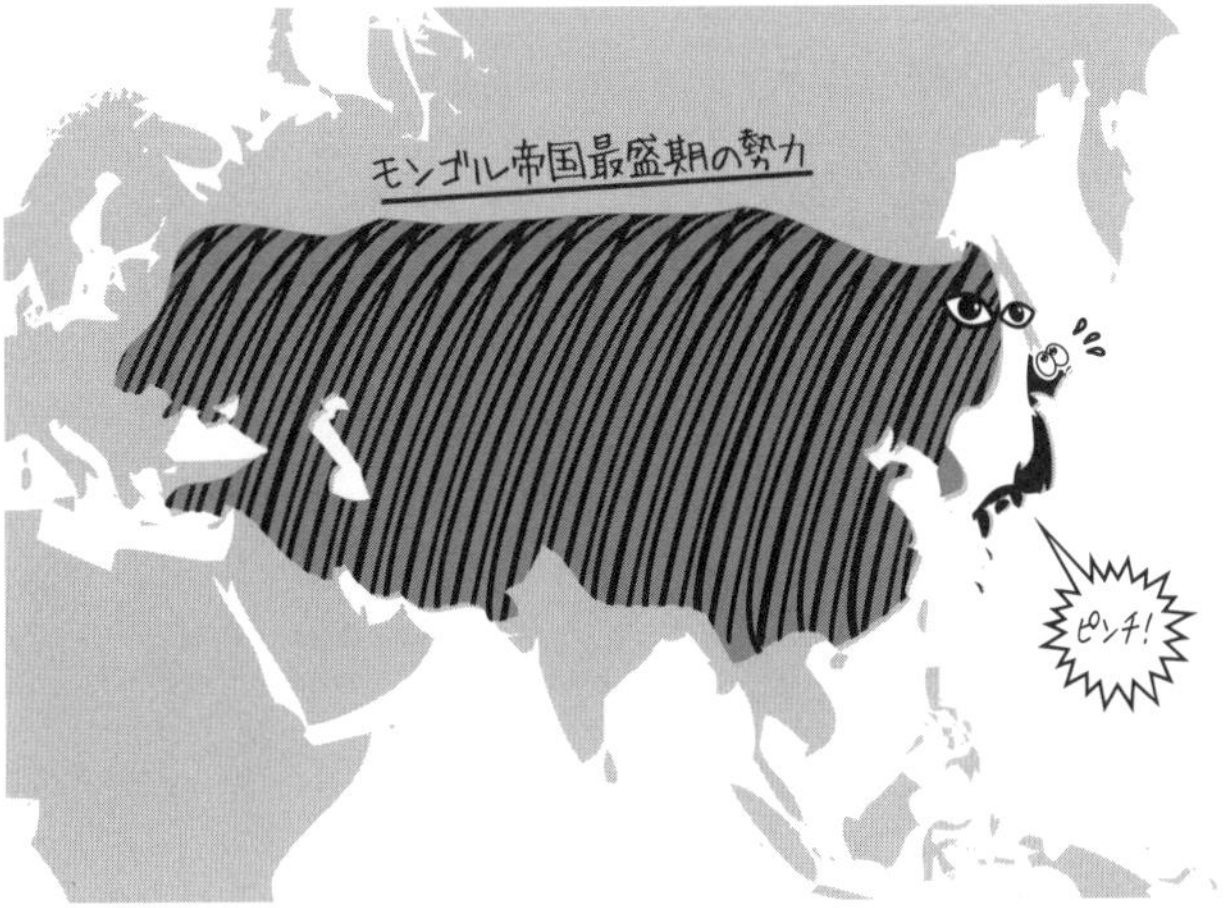

訓練を始めるのは、ある程度の年齢になってからで、しかも騎馬隊になれたのはそれなりの階級の人だけだ。

一方、モンゴルでは小さい頃から当たり前のように馬に乗って、生きるために狩りをしたり、周辺の部族と戦いを繰り返していた。馬上で生活しているといっても過言ではなかった。馬の上から、動いている敵を矢で射止めるというのは、相当な技術が必要だ。戦えないと生活ができないのだから、一人一人がものすごく強い。そして、敵を追い詰めるには集団でのコンビネーションも必要だ。幼少からそれらを実践的に鍛えてきた。そうした人たちを束ねた軍隊が攻めてきたら、たまったものではないよね。

生活の基盤が別にあって、戦いのときにイヤイヤ駆り出される農耕民族と、幼少の頃から、狩りと戦いにあけくれてきた狩猟民族。何だか戦う前から結果が見えてしまうね……。

あと、モンゴル軍は情報戦もうまかったといわれている。侵略しようとする国へ、使者や、滅ぼした国の生存者を派遣して、「モンゴル軍というのは圧倒的な強さだ」「降伏する者には寛大だが、抵抗する者は徹底的に殺りくするらしい」といったことを吹き込む。うわさを広めて戦意を失わせるんだ。

その後、さらにヨーロッパの西側へと攻めていったの？

いや、本国でオゴタイ・ハンが死去したので、全部族が集まって今後について話し合う大会議を開催するため、モンゴル軍は撤退したんだ。それでもヨーロッパ遠征によって、モンゴル帝国は広大な土地を支配下に治めた。一方で、足元の中国においては、北部の金は倒したけれど、まだ南部の南宋が抵抗している。そこで五代目皇帝のフビライ・ハンは、中国全土を手中に収めるため、南宋攻略を本格化するんだ。

　しかし、１５０年間、中国を支配してきた南宋の抵抗は激しく、戦いは膠着《こうちゃく》状態に陥ってしまう。そこでモンゴル側は、戦況の打開を図ろうと、南宋の西側に位置する大理《だいり》国を征服。次に、南宋の東側、朝鮮半島を統治していた高麗《こうらい》も征服した。

南宋の東と西を抑えて、周囲から徐々に追い込もうとしたのね。

それだけではなく、南側、つまり海からも侵攻できるよう、海軍を組織しようとしたんだ。

なるほど、海からも。

でもモンゴル帝国はきちんとした海軍を持っていなかった。そのため、海上艦隊の確保は長年の課題だったんだ。そこで目をつけたのが日本だ。

え！

世界情勢という渦に、日本が巻き込まれて行くんだね。１２６８年、フビライの使者が国書を持って、九州の大宰府に到着。国書には「日本は高麗や中国と交流があるが、私には使者をよこさない。世界の状況がよくわかっていないのだろう。今後は仲良くやろうではないか。私たちも兵を使いたくはない。よく考えよ」と書かれていた。

すごく上から目線……。

さっき言っていた、情報戦ってやつだね。

モンゴルは、すでに地球上の陸地の約25%を支配する大帝国だ。それに対して日本は、アジアの端っこにある小さな島国。当然、なめられていただろう。しかし鎌倉幕府は、この国書を無視してしまうんだ。フビライは、何度も日本へ使者や手紙を送ったけれど、鎌倉幕府はすべて無視してしまう。

モンゴル帝国に目をつけられるなんて、だいぶピンチな気がするけれど、大丈夫なの？

鎌倉幕府では18歳の北条時宗《ほうじょうときむね》が執権に就任したばかり。
　南宋の僧侶たちからモンゴル帝国の脅威は聞いていたはずなので、返事の有無にかかわらず攻めてくると考えていたのだろう。

「武力をちらつかせるとは無礼」と使者を追い返し、九州北部の沿岸に「異国警固番役《いこくけいごばんやく》」という警護機関を設けるなど、全国の御家人に守りを固めるよう注意喚起した。

時間を稼ぎながら守りを固めていたんだね。

業を煮やしたモンゴル側は、１２７４年10月3日、約９００の船に3万人以上の兵を乗せた大艦隊で日本へ向かう。「文永《ぶんえい》の役《えき》」といわれる戦いの幕開けだ。

ほら、ついに攻めてきてるじゃん！

この頃、フビライは国名を「モンゴル」から中国風の「元《げん》」とあらためていた。元による侵攻という意味で、「元寇《げんこう》」や、「蒙古襲来《もうこしゅうらい》」と呼ばれていたけれど、最近は「モンゴル襲来」や「モンゴル戦争」と呼ぶのが主流になってきているね。
　モンゴル軍は、10月5日に対馬に、そして10月14日には壱岐に侵攻。住民の多くが殺され、数百人が奴隷として連れていかれたという。このとき、対馬から数人が、モンゴル軍の襲来を伝えるために博多へ向かった。10月16日、水軍・松浦党《まつらとう》の領地にモンゴル軍が侵攻。松浦党は応戦したが、モンゴル軍の圧倒的な数の前に、数百名が戦死した。

すごい勢いで日本が飲み込まれていくね……。

対馬と壱岐の状況が大宰府に伝わり、大宰府から京都や鎌倉へ急報が発せられた。同時に、九州の御家人たちが大宰府に続々と集結した。

10月20日、ついにモンゴル軍は、九州の博多湾に上陸する。日本軍は大宰府に本陣を置いて、九州の御家人や松浦党を中心に約5000人で応戦するが、「てつはう」などの火薬兵器と集団戦で攻めてくるモンゴル軍に対し、弓や槍を使って単騎で突入していく日本軍は、徐々に押されて後退。「白村江の戦い」の際に築いた、水城まで退いた。

モンゴル軍は勢いに乗って、博多の街を焼き払うなどしたが、夜になり、モンゴル軍優位のまま、双方ともいったん兵を引いた。

水城が役に立ったんだね。でももう日本側は後がないね……。その後、どうなったの？

翌朝、モンゴル軍は撤退していたんだ。

撤退？　1日戦っただけで？

ああ。日本軍はあっけにとられただろうね。湾内を埋め尽くしていたあれだけの船が、夜明けと共にすべてなくなっていたのだから。

日本側の記録では、その理由はよくわからない。モンゴル側の記録にも、日本と戦ったことぐらいしか記述がない。でも、モンゴル軍の一部として戦闘に加わった高麗軍の記録には、少しだけ記述があった。それによると、総司令官や副司令官などが話し合い、撤退を決めたようだ。疲弊しているモンゴル軍に対して日本軍はこれからどんどん増えてくるだろう。これ以上、日本軍と戦い続けるのは良策ではない、日本側も十分、モンゴルの恐ろしさがわかったはずだ、と。

にしても、撤退の決断が早くない？

モンゴル軍というのは、長らく陸上戦を得意としてきた。このような海上戦というのはあまり慣れていなかったんだ。そもそも、モンゴル軍といってもさまざまな国の人たちの寄せ集めだったので、モチベーションの高くない人たちも多かった。長旅をさせられて、慣れない船の上で何日も滞在し、しかも占領したばかりの高麗に急いで造らせた簡易的な船だったため、波に揺られまくる。当然、船酔いで体調を崩す者が続出した。

　体調を崩していたのは人間だけではなく、馬も同じだった。馬というのはとても繊細な生き物で、初めての場所や環境に激しい不安や恐怖感を抱くんだ。長時間の移動というのは馬にとって大変なストレスで、ストレスが蓄積されると熱を出して最悪の場合、死んでしまう。それが何日も波に揺られている船の中となると、連れてきた馬のほとんどが発熱していたのではといわれている。

そうなると、自慢の騎馬隊もまったく機能しなくなるね。

さらに、日本側の抵抗も予想以上に激しく、持ってきた矢もほとんど尽きてしまった。しかも暗闇の海上で、日本軍が夜討ちをかけてくる可能性もあり、気が気でない。もしこのまま戦いが長引けば、冬の季節風がやって来て、大陸側へ戻るのを妨げる。

　それでモンゴル軍は全面撤退を決定したのだけれど、撤退時に暴風雨に巻き込まれてしまい、1万3千人以上が海に沈んだといわれている。日本にやって来たときは約3万人だったから、かなりの兵を失ってしまったんだ。

それが「神風」ってやつだね。

ただ、当時の旧暦の10月20日というのは、今の新暦に直すと11月26日だ。この時期に台風が日本に近づくことはめったにない。一方で、京都の公家の日記に、この日は悪天候だったということが書かれていて、九州地方の天気も悪天候だった可能性がある。モンゴル軍が撤退し始めた頃、台風とまでは言わずとも、暴風雨が発生し、巻き込まれてしまったのだろう。

　この頃の船では、南風が吹く晴れた日でないと、博多から高麗へ向かうことは危険だった。この時期、そのような条件になるまでに1カ月待つこともあったんだ。でも撤退を強行し、暴風雨に遭遇してしまった。

さっきの遣唐使の話では、現在の7月～8月に季節風を利用して向かうことが多かったので、アジア大陸側へ向かうには少し季節外れだったんだね。

いずれにせよ、日本最大の危機を乗り越えたわけだね。本当に良かった！

でもまた来るんだ。文永の役から2年後、モンゴルはついに南宋を滅ぼし、アジア大陸全土を手中に治めた。

それならもう日本にかまわないでほしいなあ。

清盛を中心とする平氏政権の時代から、日本と宋の間では貿易が盛んに行なわれていた。「日宋貿易」というのだけれど、宋が南宋になってからも、ずっと交流が続いていた。フビライは、新たに支配したこの南宋の旧臣を、鎌倉幕府へ使者として派遣してきた。

日本と交流のあった中国の人なら、日本側も話をよく聞き、きっと説得してくれるのではないかと思ったのかな。

そうかもしれないね。でも、書状がモンゴルへの服属を求める内容だったのと、帰国した使者が日本の状況を伝えてしまわないよう、幕府側は彼らを全員、斬首してしまったんだ。

え！　どう考えてもマズイでしょ。

たしかに、使者を一方的に処刑するのは、ほかの文明国からするとあり得ないことだった。
1281年、再びモンゴル軍が攻めてくる。「弘安《こうあん》の役《えき》」ってやつだね。約4400の船隊に、旧高麗軍と旧南宋軍を含む約15万人の兵を乗せた、当時、世界最大規模の艦隊だ。

今度こそ徹底的につぶしてやるぞという意気込みを感じる……。

そうだよね。ある高麗人の僧は、「モンゴル軍は一瞬のうちに日本軍を打ち破り、勝利を伝える報告はすぐに伝わってくるだろう」と、その光景を漢詩に残しているほどだ。

どうしよう。島国なので逃げ場もない。

当時の武士たちは、もうやるしかない！　こういう気持ちだっただろうね。背水の陣だ。
　5月3日に朝鮮半島を出航したモンゴル軍の先発隊は、5月21日に対馬に、5月26日に壱岐に侵攻し、博多湾へと侵入した。ただ、日本側も最初のモンゴル襲来から7年、何もしないでいたわけではない。博多湾岸に約20㎞もの防塁を築き、防衛体制を整えていた。この防塁に阻まれ、モンゴル軍は博多湾からの上陸を断念。防塁のないところから上陸しようとしたモンゴル軍に、日本軍はゲリラ戦や夜襲をしかけた。6月9日、たまらずモンゴル軍は壱岐へ退く。6月29日、松浦党や御家人、数万人の軍勢がそこへ総攻撃をしかけた。

おお、意外とがんばっている！

一進一退の攻防の末、戦況は膠着状態に陥る。モンゴル軍は、頼みの綱である後続部隊の江南軍の到着を待って、一気に日本軍を撃退しようと思っていた。でも、江南軍は急遽、作戦を変更し、壱岐ではなく、大宰府に近い平戸島《ひらどじま》に到着する。そのことを知ると、モンゴル軍は壱岐を放棄して、平戸島へ向かった。

7月中旬、2手に分かれていたモンゴル軍は合流し、そのまま大宰府へ進撃を開始する。

再びピンチ……！

日本軍も集結して7月27日、鷹島《たかしま》（※）の沖合でモンゴル軍へ総攻撃をしかけ、海戦が始まった。さらに、京都にある鎌倉幕府の機関「六波羅探題《ろくはらたんだい》」から、約6万ともいわれる大軍が、この戦場に向かっていた。

※現在の長崎県松浦市に属する、伊万里湾口にある島

日本の命運がかかった大合戦だね。何とかがんばってほしいなあ。

激戦が続く中、7月30日の夜中に台風が襲来。モンゴル軍は多くの船が沈没し、大損害を被

ることになる。

今度は本当の神風が吹いたんだね！

そう思いたいところだけれど、台風というのは、発生、接近、上陸ともに7月～10月にかけてがもっとも多い。１９９１年～２０２０年の平均では、年間で約25個の台風が北西太平洋に発生。そのうち約12個の台風が日本に接近し、約３個が日本に上陸している。モンゴル軍は5月～7月まで、今の暦だと6月～8月までの約３カ月間、海上にいたので、台風に遭遇するのは、偶然でも何でもないんだ。

台風が日本に近づく時期に、何カ月も海の上にいたら、それはたしかに台風に遭遇してもおかしくないね。

台風で多くの船が座礁・沈没し、溺死する将校もいた。残った兵も、長引く海上の生活と戦闘で疲弊し、疫病も発生し、士気も低下している。そこでモンゴル軍は軍議を開き、撤退を決めたんだ。撤退するモンゴル軍を日本軍は追撃する。日本軍は10日間かけて、壊滅させ、2万～3万人を捕虜にしたという。

　帰還できたモンゴル軍は出航時の数の1割～4割だったといわれており、モンゴル軍は海軍全体の戦力のほとんどを失うこととなった。

う〜む、神風ではなかったかー。

ただ、台風がモンゴル軍に大打撃を与えたのはたしかなので、天気が味方したというのは間違いではないよ。

それにしても、台風って年に25個も発生しているんだね。

台風というのは、海水の温度が26度〜27度以上の、熱帯《ねったい》の暖かい海の上で生まれるんだ。
「**熱帯**」というのは、1年を通じて気温が高い地域のことだよ。熱帯の次に気温の高い「**亜**《あ》**熱帯**《ねったい》」という地域もある。日本では沖縄県や鹿児島県の奄美諸島などが亜熱帯に入るんだ。
　熱帯や亜熱帯の地域は海の温度が高く、そのために水がたくさん蒸発する。この水蒸気が上昇気流となり、海の上に積乱雲が発生する。この積乱雲が次々と集まってくると、地球の自転によってぐるぐると渦を巻き始める。わたあめをつくるときみたいにね。すると、中心部分は、空気を押す力が弱まり、そこに向かってさらに強い風が集まってくる。この「**熱帯**《ねったい》**低気圧**《ていきあつ》」がさらに回りの積乱雲をどんどん巻き込んで「発達」していくんだ。

上昇気流や低気圧はさっき教えてくれたね。

熱帯低気圧の中心付近を取り巻いている風速(※)、つまり風の速さが、最大「秒速17・2メー

トル以上」になると、「台風が発生」と認定される。人が歩く速さはだいたい1秒に1メートルぐらいなので、1秒に17メートルというのは相当な速さだよね。

※「風速」は地上約10メートルの高さにおける10分間の平均的な風の速度のこと。「最大風速」はそのうちの最大値。「秒速」は、1秒間当たりの移動距離で表した速さ

台風は、たくさんの水蒸気を燃料にして、どんどん大きくなっていくんだね。世界のほかの地域には、こうした台風は生まれないの？

世界では台風レベルの熱帯低気圧は、1年に約90個発生している。そのうち約3分の1が日本の近くで発生しているんだ。日本、台湾、フィリピン付近で生まれるものを「**台風**」や「**タイフーン**」と呼んでいるけれど、ほかの国では「**サイクロン**」や「**ハリケーン**」と呼ばれたりするよ。

発生してから消えるまで、台風の寿命ってどのくらいなの？

誕生してからだいたい5日ぐらいだよ。台風は、風の影響を受けて移動していくのだけれど、北上して海水の温度が下がったり、地上に上陸したりすると、「熱帯低気圧」から「温帯低気圧」に変わって衰弱していったり、消滅したりする。水蒸気が大好物だからね。それがなくなると弱っていってしまうんだ。

けっこう寿命が短いんだね。台風の進路というのは、予測ができないの？

大まかなコースであれば予測可能だよ。**台風は、地球の自転や大気の流れに影響されながら移動する**のだけれど、ある程度、パターンがわかってきているんだ。7月～9月に発生する台風は日本に向かってくることが多い。

赤道地帯って、何で暑いか知ってる？

太陽の光をほぼ垂直に受けるため？

そう。赤道というのは地球の真ん中を通っていて、太陽の光をほぼ垂直に受けるため、1年を通して暑くなる。太陽の光を斜めに受ける場所よりも、暖められるからね。そのため、台風が発生しやすくなる。

太平洋の赤道付近で発生した台風は、東から

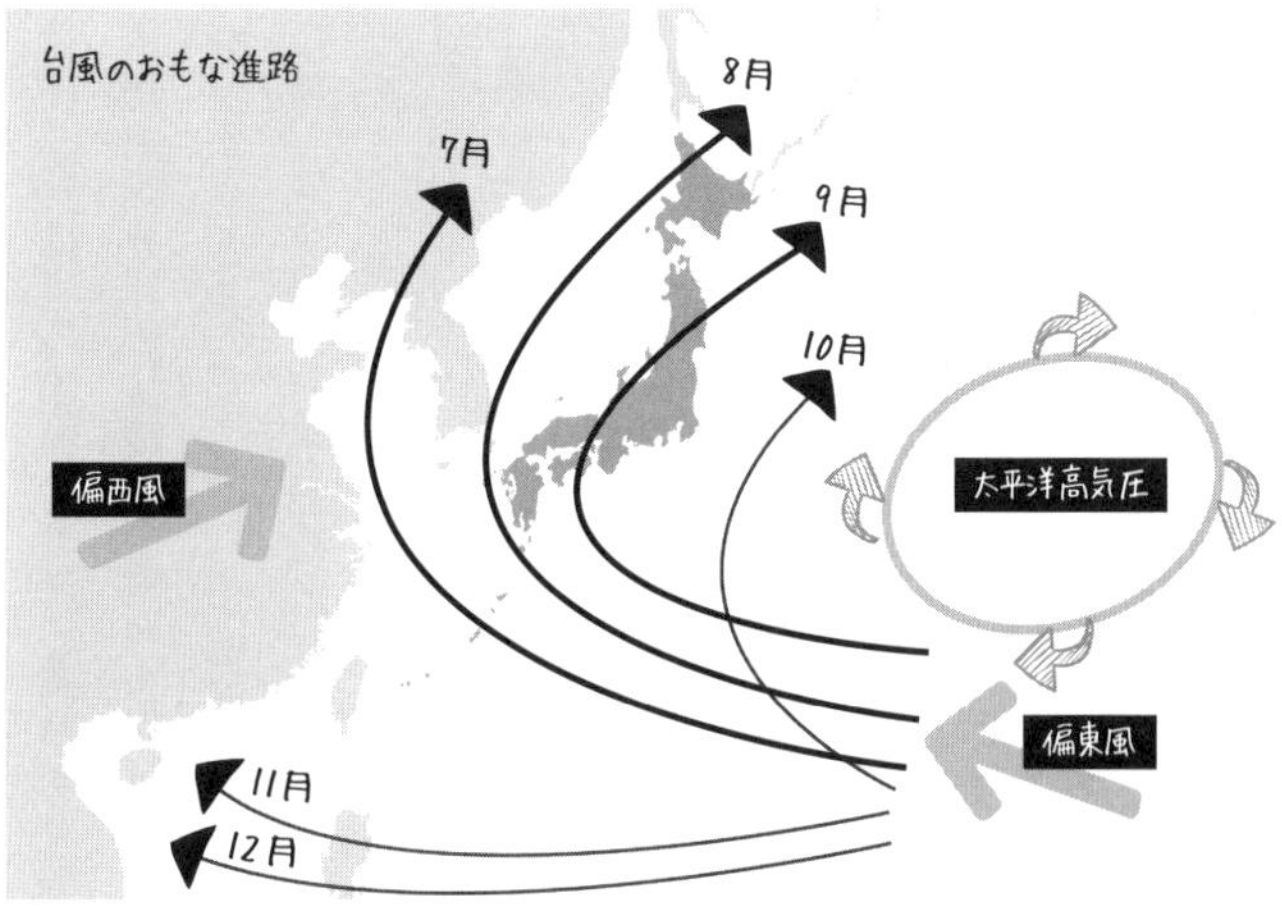

西へ吹く偏東風の影響を受けながら北上するので、まずは北西へ向かう。時期によってはそのまま台湾やフィリピンのほうへ進むのだけど、7月〜9月は、その後に西から東へ吹く偏西風の影響を受け、北東へと進路が変わって日本に急接近する。例えば、7月と8月は日本海側を通り、9月頃は日本を縦断して北東へ抜けていったりするんだ。

でも、実際は複雑な要因が絡み合って、停滞したり、フラフラと移動したりするので、コースを正確に予測することは、なかなか難しい。

モンゴル軍が日本海上に滞在していたのは、まさにこの時期ということだね。

その後はどうなったの？　もう攻めてこなくなったの？

日本遠征の失敗により、モンゴルは海軍の立て直しを余儀なくされた。その後もたびたび、日本への侵攻が計画されたようだけれど、いずれも実現しなかったんだ。

日本への出兵は、モンゴル軍にとって、資金も兵も馬も、相当な負担となるため、出兵を巡ってしばしば、いざこざが起こった。それらも少なからず影響し、モンゴルに内紛が起こって遠征どころではなくなってしまったんだ。一方の日本では、いつまた攻められるかわからない状況で受け身で待つよりも、逆に日本から攻めるという計画もあった。鎌倉時代の武士は、やたらと血気盛んだったんだ。ただ、これも実現しなかった。

よかった。では本当に危機を乗り越えたんだね。

日本側は勝利はしたけれど、同時に鎌倉幕府滅亡のカウントダウンも始まることになる。

　ところで、大帝国となったモンゴルの都は、国際色豊かになり、世界中の人々が訪れていた。フビライは、イタリアからやって来たある商人を側近にしていた。のちに日本の存在を「黄金の島・ジパング」として世界に伝え、大航海時代の幕開けに多大な影響を与えた『東《とう》方見聞録《ほうけんぶんろく》』の著者となる、マルコ・ポーロだ。

POINT!

地上を吹く「恒常風」と「季節風」は、日本、そして人類の歴史に、多大な影響を及ぼしてきた。

第 2 章

レトロ喫茶の風鈴講義

「なかなか雨があがらないね」

手の平で雨を受けながら、メグルが言う。

空を見上げて、ミナカタがうなずいた。

「そうだね、もう少しかかるかな」

「何か食べようかなあ。今なら屋台で並ばずに買えそうだし」

ワタルはお腹がすいてきたようだ。

「そこの喫茶店、ちょうど今、人が何人か出てきたので入れそうだ。中で食べながら雨が止むのを待つことにしよう」

ミナカタは持っていた傘をメグルに渡すと、軒下を出て雨の中を走り、向かいの喫茶店へ入って行った。メグルとワタルもあとに続いた。

店員に案内してもらった窓側の席に、3人で座る。雨音は店内までは聞こえてこない。入り口につるされている風鈴が時折、風を受けて「ちりんちりん」と心地よい音を鳴らす。

ミナカタとメグルはオムライスを、ワタルは焼きそばを注文する。

「レトロな喫茶店だね」

店内を見渡してワタルが言う。

「私、こういう雰囲気好きだな」

風鈴を眺めながらメグルはつぶやいた。

「この通りには、レトロなゲームセンターもいくつかあるよ。射的など昔ながらのゲームを楽しめるスポットとして人気なんだ。雨があがったら行ってみようか」

「いいね、そうしよう！」

「でも何で、このあたりはレトロなお店が多いの？」

「終戦後、つまり、太平洋戦争が終わった後、日本に少しずつ活気が戻ってくると、このあたりは東京に近い観光地としてにぎわった。湖畔周辺にはボート乗り場や土産屋《みやげ》が建ち並び、飲食店や宿も次々と開店した。１９６４年には東京オリンピックのカヌー競技会場となり、以来、カヌーやボート競技のメッカにもなったんだよ」

「へえ〜！」

「昔は夏になると、選手や学生がよく湖畔近くで合宿をしていて、宿の前にボートが並んでいる光景は、このあたりの夏の風物詩のようなものだったよ。でも何十年も経つと、全国のほかの観光地同様、従業員や住民の高齢化が進み、活気は失われていった。ただ、今でも年に一度、この花火大会の日は、以前と変わらず大勢の人が訪れてにぎわっている」

　ちりん、ちりん――。

「えと……、さっきはどこまで話したっけ？」

「モンゴルの二度の襲来を日本が耐えたところまでだよ」

「ああ、そうだった。ではその続きを話そう」

地球の寒冷化が応仁の乱を招いた？
日本初の大規模な民衆蜂起が起きた理由

モンゴル帝国が攻めてくるという、最大の危機を乗り越えた鎌倉幕府だけど、実は幕府は大きな欠点を抱えていた。それは、中央集権的な政府ではなかったことなんだ。日本全国の徴税権、つまり、全国から税を受け取る権利を持っていなかったため、財政基盤が弱かった。

白村江の戦いの後に、日本は中央集権を進めたって言っていなかったっけ？

武家政権の成立した中世以降は、それまでの「律令制度に基づいた中央集権的な国家」とは性格が異なり、「封建制度《ほうけんせいど》に基づいた地方分権的な国家」だった。つまり、それぞれの地域がバラバラに力を持っていたんだ。

「封建制度」って？

ここでいう封建制度というのは、「土地」を介した主従関係によって成り立つ、社会や政治の仕組みのことだよ。例えば、鎌倉幕府に仕える御家人たちは、自分たちの土地の所有権を幕府に認めてもらう。その代わりに何かあれば将軍のために戦うんだ。

「御恩《ごおん》と奉公《ほうこう》」ってやつだよね。

御家人たちは、鎌倉幕府の依頼を受けてモンゴル軍と戦った。勝利はしたけれど、当然、御家人たちの被害も甚大だ。資金も家来も自らの命も、すべてをかけてモンゴル軍を撃退したのに、鎌倉幕府はそれに見合う恩賞をくれない。その上、モンゴル軍の襲来に備えて海岸警備は続けられ、その負担も重くのしかかる。

とはいえ、鎌倉幕府からすると、日本の窮地は何とか乗り越えたけれど、新たに土地や戦利品を得たわけではないので、恩賞を与えたくても与えることができない。御家人たちは当然、鎌倉幕府への不満を募らせていった。

うーん、お互いの言い分も何となくわかるので難しいね……。

その後、全国で「悪党《あくとう》」と呼ばれる犯罪集団が増加していく。これは鎌倉幕府に不満を持つ豪族、つまり地方で大きな勢力を持つ人たちが、裏で手を引いていたともいわれている。

「悪党」ってすごく悪そうな名前だなあ。

さらにこの頃、「赤斑瘡《あかもがさ》」、今でいう「はしか」などの感染症が流行した。はしかは、現代でこそ致死率はだいぶ下がっているけれど、当時は感染した人が死亡する割合が非常に高かっ

たんだ。病原体の存在が知られていなかった時代では、人から人へ次々とうつり、人を死なせてしまう感染症は、疫病の神や悪鬼のしわざと考えられていた。
　どんどん社会が混乱し、幕府による政治が不安定になっていく中、「武士なんかに任せておけない！」と考えた当時の天皇、後醍醐天皇《ごだいごてんのう》が挙兵した。

天皇がクーデターを⁉

ところが失敗して幕府に捕まり、隠岐島《おきのしま》（※）に流されてしまう。でもしばらくすると島を脱出し、再び挙兵。有力武士の足利尊氏《あしかがたかうじ》や新田義貞《にったよしさだ》がこれに協力してついに幕府を倒してしまうんだ。そして1333年、後醍醐天皇は新たな体制で政治を始めた。翌年に元号を「建《けん》武《む》」と定めたことから、この新しい政治体制は「建武の新政」と呼ばれる。
　でも結局、社会や政治の混乱を収拾しきれず、さらに武士を軽んじたことで武士たちからの不満もつのり、再び世の中が混乱に陥ってしまうんだ。そして次第に後醍醐天皇と尊氏との間に溝ができてそれが広がり、武力衝突にまで発展。そこで尊氏が勝利し、新たに「室町幕府」を開いて尊氏は将軍となる。

※島根県の島根半島の北方約50キロメートルに位置する島々

そういえば、あれだけの勢力を誇ったモンゴルの帝国はその後、どうなったの？

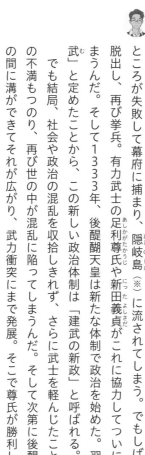

1368年に滅んだよ。代わって、農民出身の朱元璋《しゅげんしょう》という人が「明《みん》」という王朝を中国に建国した。朱元璋は初代皇帝の洪武帝《こうぶてい》となる。日本はこの明と貿易を始めて大きな利益を得ることができた。この貿易を「日明《にちみん》貿易」または「勘合《かんごう》貿易」と呼ぶよ。

勘合貿易って、前に学校の授業で習ったな。

勘合貿易による利益は、初代の尊氏から15代将軍の足利義昭まで、約240年続く室町幕府の政権運営の支えとなったんだ。でも、この室町幕府もやがて混乱が起こり、求心力を失っていくことになる。そのきっかけの一つが実は「地球規模の寒冷化」なんだ。

地球規模の寒冷化？

地球の歴史ではこれまで、大規模な氷河時代が、過去に何度もあったとされる。諸説あるけれど、その中で一番古いのが、約24億年前に起きた「ヒューロニアン氷河時代」で、一番新しいのが、約260万年前から今も起きている「第四紀《だいよんき》氷河時代」だ。

「氷河期」はたまに耳にするけれど、「氷河時代」とは違うの？

このあたりの表現は学者や学会によっても見解がさまざまで実にややこしい。「**氷河時代**」というのは、**長期間にわたって寒冷な状態が続く時代**のこと。でも氷河時代の間、ずっと寒冷だったわけではないんだ。寒冷で「氷河」(※)が広がる時期を「氷河期」や「**氷期**」と呼び、比較的温暖な時期を「**間氷期**《かんぴょうき》」と呼ぶのだけれど、氷期と間氷期はだいたい**10万年のサイクル**で到来してきた。

「氷河期」と「氷河時代」がごちゃまぜにされることも多いので、最近では「氷河期」という表現は避けられる傾向にあるよ。

※陸上に降り積もった雪が蓄積され、やがて巨大な氷の塊になって流れ始めたもの

たしかにややこしいなあ。僕がイメージしていた「氷河期」というのは、「氷河時代の中の氷期」ということなんだね。生き物が次々と絶滅するほどの地球全体が寒い時期って、大昔に一度あっただけと思っていたな。

「氷河時代」は、少なくともこれまで5回起こっているといわれている。実際はもっとあったかもしれない。なにせ地球が誕生したのは46億年前だからね。まだまだわかっていないことだらけなんだ。

なぜ10万年サイクルで「氷期」と「間氷期」が繰り返されるの？

太陽を回る地球の軌道が、10万年サイクルでわずかにずれるんだ。地球は太陽のまわりを回っているよね。その軌道は「円」ではなく、少し歪《ゆが》んだ「だ円」なのだけれど、この歪み

方がだいたい10万年でちょこっとだけ変わるんだよ。ある地質学者が、海底に積もった有孔《ゆうこう》虫《ちゅう》という、とても小さな虫から各時代の海水の温度を割り出した。すると、10万年ごとに水温が変化していたことがわかり、このサイクルと一致したことで、明らかになったんだ。

軌道が少しずれただけで、地球の気候はそんなに影響を受けるものなんだね。

さらに、コマが回るように地球自体も「自転」していて、これもまた一定の周期で傾き具合が変わっているんだ。気候含め、地球で起きている現象の99・9%以上が、太陽からのエネルギーが影響している。そのため、**太陽と地球の位置関係が少し変わると、太陽から受ける熱の量も変化し、地球の気候にも変化が起こる。**

あれ？　さっき、おじさん、「第四紀氷河時代」が「今も起きている」と言ってなかった？

うん。**現在もまさに地球は、氷河時代が続いているんだよ。**氷河時代は「氷期」と「間氷期」が繰り返されると言ったね。**今は比較的温暖な「間氷期」なんだ。**

そうなのか！

「氷期」に生まれなくてラッキーだったね。特に寒い氷期では、陸地の3分の1が氷に覆われていたというからね。

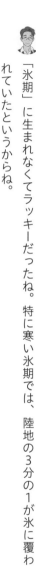

イヤすぎるよ……。前回の氷期が終わったのはいつ？

最終氷期が終わったのは約１２０００年前だよ。

良かった。10万年サイクルだから、次に氷期が来るのはまだだいぶ先だね。

今は比較的温暖な「間氷期」なんだよね。でも室町幕府の後半に「地球規模の寒冷化」に見舞われたとも言っていたよね。矛盾してない？

そこがポイントなんだ。「間氷期」であっても、その中で「**温暖期**」と「**小氷期**《しょうひょうき》」が数百年の単位で繰り返されている。

またややこしいなあ。「氷河時代」の「間氷期」の中に、さらに、「温暖期」と「小氷期」があるってこと？

これも太陽活動の変化が影響している。**太陽活動が活発になると、地球は温暖になる。一方で、太陽活動が低下すると、地球は寒冷化する。**

室町幕府というのは、１３３６年から１５７３年まで続いたのだけれど、ちょうどこの間の１４２０年頃から１５３０年頃までの約１１０年間は、太陽活動が低下していた時期で、「シュペーラー極小期《きょくしょうき》」と呼ばれる小氷期だった。

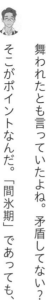

その小氷期と応仁の乱、どういう関係があるの？

こうした小氷期が100年を超えて続くのは珍しいが、それが起きた。その影響は徐々に気候に現れてくる。事実、室町時代の文献や史料には、この頃、寒冷や長雨が続いたことがわかる記述がいくつも見受けられる。数年に一度の頻度で冷夏が訪れ、全国に重大な飢饉を起こした。また、長雨が日本各地で大雨や洪水をもたらし、劣悪な環境から疫病も流行した。

思いきり、寒冷化の影響が出ているね……。

社会全体が不安に包まれ、次第にその不安は怒りのエネルギーとなり、きちんとした対策を取れない領主や幕府へ矛先が向かうことになる。

そのような中、近江や大津で大規模な一揆が起こった。発端は、馬借《ばしゃく》と呼ばれる、馬を利用して荷物を運搬する輸送業者が、金融業者への借金免除を求めたことによる。

一揆って農民が起こすものだと思ってた。

凶作で全国的に食料不足に陥ると、輸送する物資が激減する。輸送する食べ物自体がないからね。さらに食料価格が高騰するため、人々はますます食べ物を送らなくなる。仕事が激減した馬借は、金融業者にお金を借りて何とか生活をつないでいたけれど、寒冷化が長引いているためになかなか状況が変わらない。それなのに、領主も幕府も何もしてくれない……。追い詰められて、ついに一揆を起こしてしまったんだ。

うーん、事情が事情なだけに、何だかかわいそうでもあるなあ。

一揆は馬借から農民へと広がり、幕府へ不満を持つ一部の有力な御家人たちもこれに同調する。近江や大津から畿内全域へと連鎖し、規模が拡大した。
　奈良興福寺の僧の尋尊《じんそん》という人は、『大乗院日記目録《だいじょういんにっきもくろく》』という、この時代を知る上で重要な日記を残しているのだけれど、この一揆について、「日本が誕生して以来、これほど大規模な民衆蜂起は初めてだろう」と記している。この一揆はのちに「正長《しょうちょう》の土一揆《どいっき》」と呼ばれ、その後、全国でさまざまな一揆が起こるようになった。
　それから40年近く経っても天候不順は続き、人々は災害や飢饉に悩まされていた。社会の不安は増大し、権力者への信頼は崩れ落ち、室町幕府の求心力は衰えていく。一方で、力を蓄えていた各地の「守護《しゅご》」たちが台頭してきた。

守護って？

守護というのは、各地の警備や治安維持に当たる人たちのことだよ。幕府の有力御家人が任命された。でものちにどんどん権力が拡大し、「領主化」していった。つまり、その地域の

支配権をもつようになっていったんだ。力を持った守護たちは互いに争い始め、１４６７年、将軍家の跡目争いをきっかけに対立が大規模化。誰も収拾できない状態となり、室町幕府を滅亡へ導く「応仁の乱」へと発展してしまうんだ。戦乱は長期化し、京都の大半は焼け野原となる。日本は群雄割拠の戦国時代へ突入していった。

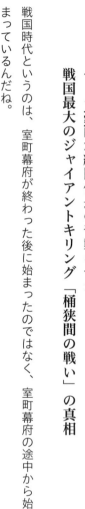

ゲリラ豪雨が織田信長の奇襲をサポート？
戦国最大のジャイアントキリング「桶狭間の戦い」の真相

戦国時代というのは、室町幕府が終わった後に始まったのではなく、室町幕府の途中から始まっているんだね。

戦国時代の室町幕府というのは弱体化してしまっていて、その一方で、今話した守護が力をつけてくる。守護という役職を超えるほどの強い権力を持つようになったので、「守護大名」とも呼ばれる。この守護大名をサポートする「守護代」や、守護が統治する地域内の有力武士「国衆《くにしゅう》」も、必然的に力を持ち始め、その中から、幕府さえ抑えることができないような強大な力を持つ人たちが出てくる。いわゆる「戦国大名」だ。

実は、こうした戦国大名同士の戦いにも天気は関係していて、天気が戦いの勝敗を左右することもあったんだ。

「桶狭間《おけはざま》の戦い」のときは大雨だったと、何かで読んだ気がする。

尾張国《おわりのくに》(※)の小大名だった織田信長《おだのぶなが》が、駿河国《するがのくに》の大大名である今川義元《いまがわよしもと》の大軍に、大雨の中、奇襲をかけて義元を討ち取ったとされる、戦国時代で特に有名な戦いだね。

駿河国のほか、遠江国《とおとうみのくに》や三河国《みかわのくに》を領国とし、すべての領地を合わせると100万石に達していた今川が倒れたことで、戦国大名同士のそれまでのパワーバランスが大きく変化。信長が天下統一に向けて大きく躍進するきっかけとなった、重要な出来事だ。

※現在でいうと、尾張国は愛知県西部、駿河国は静岡県中部、遠江国は静岡県西部、三河国は愛知県東部

なぜ戦うことになったの？

領土拡大のために尾張に攻め入った今川軍と、それを防ぐ織田軍とが激突したんだ。

織田側の城だった大高城《おおだかじょう》や沓掛城《くつかけじょう》などの城が今川軍に奪われた状態が続いていて、それによって尾張は南北に分断されていた。信長は大高城近くに丸根砦《まるねとりで》や鷲津砦《わしづとりで》といった砦を築いて、義元が奪い取った大高城を孤立させ、取り戻そうとしたんだ。それを小ざかしいと思ったのだろうね。1560年5月、義元は自ら大軍を率いて尾張国に攻め入った。

信長は、家臣たちの「(織田軍の本拠地である)清州城で籠城すべきだ」という意見を退け、

国境で今川軍を迎え撃つことにした。しかも、具体的な作戦内容や自分の考えは明かさなかったといわれている。

え、どうして？

今川の大軍を前に、次々と離反者が出ていて、家臣の中にも今川と通じる者がいた。ここで作戦を明かしたら内情が筒抜けになってしまうので、警戒していたのかもね。

信長としては辛い状況だね。強敵が迫り、仲間も次々と裏切り、作戦会議もろくにできない。桶狭間の戦いでは義元と信長の兵力はどのくらい違ったの？

兵力に関しては諸説あり、史料によっては、義元の軍は4万5000人、信長の軍は2000人と書かれていたりするけれど、実際は、義元の軍は2万5000人、信長の軍は3000人ぐらいだったのではといわれている。いずれにせよ織田軍の数は今川軍よりもはるかに少なかったことはたしかだ。下手したら今川軍は織田軍の10倍以上だったかもしれない。

信長は、数では圧倒的に不利だよね。

5月19日の早朝3時、丸根砦と鷲津砦が攻撃されていることを知ると、信長は「敦盛《あつもり》（※）」という舞を踊った後に出陣。途中、熱田神宮で戦勝祈願を行い、国境へ向かった。

※源平合戦にて17歳で討死した平敦盛を描いた幸若舞。「人間の一生は50年にすぎない、世の中の流れに比べれば、夢や幻のように一瞬だ。この世に生を受けて、滅びないものなどいないのだ」という意味が込められている

熱田神宮は、さっき出てきたね。源頼朝のお母さんの実家だよね。

今川軍と対峙していた織田軍の先頭部隊は、信長自らが出陣したことに喜んで一時的に士気が上がったが、今川軍の猛攻を前に次々と討ち取られてしまう。そしてついに丸根砦と鷲津砦も陥落してしまった。

うわあ、大ピンチ！

その頃、義元は、沓掛城から大高城へ向かう途中にある「桶狭間」というところで休息を取っていた。沓掛城があった場所が、現在の愛知県豊明市沓掛町で、大高城があった場所が、現在の愛知県名古屋市緑区大高町であり、このあたりに広がる丘陵地帯一帯が桶狭間と呼ばれていたらしい。実際に義元が休息を取っていた場所がどこかというのは、実はよくわかっていないのだけれど、義元はこのあたりで、信長が築いた二つの砦を味方が陥落させたという報告を受けた。5月19日のお昼ごろのことだ。

きっと上機嫌だったに違いないよね。

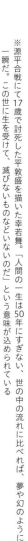

一方、信長も砦が陥落したことを知る。今川軍に対して布陣もせず、籠城もせず、頼みの砦も陥落し、絶体絶命となった信長は、一か八かの作戦に出るしかなかった。すなわち、総大将自らが奇襲し、相手の総大将の首だけを狙う。これまでの戦いの常識を覆す戦術だ。

今川方に寝返っていた鳴海城《なるみじょう》を包囲するために築いた砦の一つ、善照寺砦《ぜんしょうじとりで》まで進軍し、次に、中島砦《なかしまとりで》に到着。このとき、大驟雨《しゅうう》に見舞われる。

大驟雨？

昔から、急に降り出す雨のことを「通り雨」や「夕立」のほかに、「**驟雨**」とも呼んできたんだ。２００８年頃からマスコミなどで「**ゲリラ豪雨**」と表現されることが増えたので、そちらのほうがなじみがあるかもしれないね。ゲリラ豪雨は正式な気象用語ではなく、気象庁では「**局地的大雨**《きょくちてきおおあめ》」と呼んでいる。積乱雲によって限られた範囲に集中的に降る大雨で、昔からよくある現象なんだ。

積乱雲というのは雲の中でも寿命が短く、30分から1時間ほどで消えてしまう。積乱雲一つには、25メートルのプール約一万杯くらいの水が含まれているといわれている。このとんでもない量の水が、ゲリラ（奇襲）のように、地上にドバーッとぶっかけられる。

このゲリラ豪雨のどさくさに紛れて、信長軍は桶狭間の北にある裏道を通り、義元の本陣にこっそりと近づいた。信長たちの進軍は激しい雨の音でかき消され、今川軍に察知されずに済んだ。そこへ一気に急襲。完全に油断していた今川軍は総崩れとなり、義元は信長の家臣に討たれてしまったんだ。

すごい！　天気が味方するなんて、まさに奇跡だね。

今話した「数の上で圧倒的優勢な今川軍が、それよりも数が劣る織田軍に大雨の中、急襲され、総崩れとなって今川義元が討たれた」——。これがこれまでの定説だった。

　ただ、これは後の世に広まったもので、真偽は定かではないんだ。そのため、「織田軍と今川軍は正面衝突した」と主張する歴史学者も多い。ただその場合、兵力の差をどのようにカバーしたのかとか、新たな疑問も出てくるし、現地を調査した人には、地形的に奇襲しか考えられないという人もいる。

天気の話は本当なの？

江戸時代初期に書かれた『甲陽軍鑑《こうようぐんかん》』という、甲斐国《かいのくに》、現在の山梨県の戦国大名・武田氏の戦術を記した本がある。武田氏が滅んだ後、家臣の話を記録し、その記録をもとに別の家臣の子が編集して本にしたものだ。これに、合戦が行われた5月19日の桶狭間の様子がこう書かれている。

「その日に限って、朝から晴れて日差しが強かった。今川軍は草原の中で陣を構えていた。

お供の者たちは、松の木の下や小川の近くで食事し、油断していた」と。旧暦の5月19日は、現在の6月22日にあたる。ちょうど梅雨の時期だね。梅雨の合間に晴れたので、皆、日差しを避けて木陰や川の近くで涼んでいたんだ。

最初は晴れていて、日差しも強かったんだね。

その後の様子は、大久保忠教《おおくぼただたか》という徳川家の家臣が江戸時代初期に書いた『三河物語《みかわものがたり》』という本に記されている。「織田軍が数人、山を登ってきたのを見ると、今川軍の前線にいた兵士たちは驚いて退却した。今川義元はそのことを知らずにのんびりと食事をしていたところ、大驟雨に見舞われた」と。

当時の様子を記録した史料の中でも特に質が高いといわれている、信長の家臣の太田《おおた》牛《ぎゅう》一《いち》が書いた『信長公記《しんちょうこうき》』にはこう記されている。「信長軍が山のそばまで進軍すると、急に天気が荒れ始めた。織田軍から今川軍に向かって、石氷を投げ打つような暴風雨となり、巨大な木が倒れるほどだった」。

どちらの記録にも、織田軍が進軍する頃に、突然、悪天候になったと書かれているんだね。

そして合戦が始まると、先ほどの『甲陽軍鑑』に、「夏にもかかわらず雹《ひょう》が降り、白鷺《しらさぎ》が一斉に飛び立ったかのような、あたり一面が真っ白になるくらいの激しい雨が、今川軍に向

かって降り注いだ」といったことが記録されている。

ひょう？　ひょうって氷みたいなやつだよね。

ひょうというのは、5～6月に降ることが多いんだ。雪とひょうって、どこが違うと思う？

サラサラしているか、パラパラしているか、かな……？　あまり考えたことなかったな。

ついでなので、大雨とひょうの関係についてもう少し説明しよう。雪というのは**氷の結晶**だけれど、ひょうや霰《あられ》というのは、**結晶の形をしていないただの「氷のかたまり」**だ。

結晶と氷のかたまりって違うの？　そもそも結晶ってあらためて考えると何だろう……？

ものすごくちっちゃな氷がつながったものが「結晶」だよ。温度がかなり低い雲の中では、水は凍った状態で存在していて、これを「**氷晶**《ひょうしょう》」というんだ。氷晶は、周囲の水滴や雲の粒などを取り込み、または、くっついて、より大きな「**結晶**」となる。
　これがどんどん大きくなると、重くなって上空に浮いていられなくなる。そして地上にサラサラと落ちてくるのが「**雪**」だ。このとき、地上の気温が高ければ、落ちてくる途中で雪は溶けて「**雨**」に変わる。

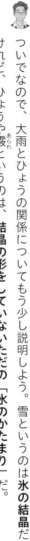

ということは、雨って、もともとは雪なの？

そうだよ。**日本で降る雨のほとんどは、雪が溶けたものだよ。**でも、地上の気温が高くても、空気が乾燥している日は、雪の一部が蒸発してまわりの空気が冷やされるので雪が溶けづらくなり、そのまま雪として降ってくることもある。

ちなみに、雪の結晶は、雲の中の気温や水蒸気の量によって、六角形や柱型などさまざまな形になり、水蒸気の量が多いほど形は複雑となる。ということは、雪の結晶を調べれば、上空の気象状況がわかるということだ。

雪の結晶を研究し、1936年に世界で初めて人口雪をつくった物理学者の中谷《なかや》宇吉郎《うきちろう》は、雪というのは結晶の形や模様という暗号で書かれた「天から送られた手紙」だと表現しているよ。

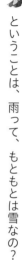

天からの手紙だなんて、素敵なことばだね。

一方、ひょうやあられというのは積乱雲の中でできる。積乱雲の中では、上昇気流と下降気流が入り混じっていて、氷の結晶が落ちながら、表面が溶けたりする。それがまた上昇気流によって上へ上がって、周囲の水滴や氷の粒を取り込んで、凍る。これを繰り返しながら大きな氷のかたまりとなるため、ひょうの断面は年輪状になっているんだ。もとは雪と同じ「氷の結晶」だったけれど、雪のようにやわらかくお互いがつながった「ふわふわの氷の結晶」ではなく、ギュッと合体した「カチカチの氷のかたまり」になるんだね。

ひょうとあられはどう違うの？

直径が5ミリメートル以上のものを「ひょう」、**5ミリメートル未満のものを「あられ」**と呼ぶよ。あられは小さいので、途中で溶けて雨になることが多い。そのため、溶けづらい冬に多く見られる。特に日本海側の地域の冬は、背の低い積乱雲が多いので、あられが溶けずに降ってくることが多い。落ちるとコロコロ散らばるので、「霰《あられ》」という漢字の中には「散」が入っているんだ。

　それに対して、ひょうは大きいので、落ちてくる速度が速い。だから気温の高い夏でも、途中で溶けずに氷のまま上空から落ちてくるんだ。何と、リンゴぐらいのサイズのものもあり、屋根を壊したり、人にけがを負わせたりすることもある。周囲の氷を包みながら大きくなったものなので、「雹《ひょう》」という漢字の中には「包」が入っているんだ。

積乱雲の中でできるから、夏にひょうが降ってくることが多いのね。

夏は大きな積乱雲が発達しやすいからね。

こうした、ひょうが降るほどの激しい雨風を利用し、織田軍が一気に攻め込んだんだね！

そうだと何だか格好いいよね。これまで物語などでは、よくそのように描写されてきた。でも実際はあまりに雨が激しすぎて、両軍とも身動きが取れなかったらしい。

　先ほどの『三河物語』には、「あたり一面が深い霧に包まれて暗く、攻めている織田軍さえ、今川軍にどれだけ近づいているのかきちんと把握できていなかった。今川軍はなおさら気づけなかっただろう」といったことが書かれている。そのため、雨が止んだタイミングで、織田軍は一気に攻め入ったというのが真相ではないかといわれているんだ。

じゃあ、同じ条件だったということ？　それならやっぱり今川勢が有利じゃないの？

雨が止んだという条件は同じでも、休憩していて、織田軍がすぐ近くまで迫っていることに気づかず、「豪雨でびしょびしょになってしまったけれど、雨が止んだので、さあ戦の準備を始めよう」としている今川軍と、完全に戦の準備をしてタイミングを見計らい、今だ！と攻め入った織田軍では、どちらが有利だと思う？

ああ、そうなると織田軍が有利か。

それに信長は、普段から鷹狩り（※）をしていたので、尾張内の地形や特徴を熟知していた。

また、鷹狩りでさまざまな地を巡ることで、織田の家臣たちと領民たちとの密なコミュニケーションが生まれていたといわれている。そのため、大軍の今川勢の中で義元が今どこにいるのかの情報を迅速につかむことができた。そこに、信長自らが先頭に立って攻め入ることで、家臣たちも死にものぐるいで義元の首を狙った。ここで一気に形勢が逆転したんだ。『信長公記』には、「信長軍が攻めてくると、今川軍は驚いて水を撒き散らしたようにバラバラになり総崩れとなった」と書かれている。

その土地の地形や特徴を前もって調べておいたので、急な雨でも冷静に行動することができた。また、そこに住む人たちと仲良くなっておいたおかげで、義元の居場所をつかむことができた。そして、雨が止むと同時に一気に攻撃をしかけ、勝利した。

※飼いならした鷹などを放って獲物を捕らえる当時のスポーツ

天気が敵にも味方にもなる状況の中で、天気を味方に引き込むための準備と、決断力と、行動力があったんだね。

この戦国時代最大の番狂わせに大名たちは驚き、織田信長の名声は、一気に全国に知れ渡ることになったんだ。勢いを得た信長は、室町幕府15代将軍で、最後の将軍となる足利義昭《あしかがよしあき》を奉じて、上洛を果たす。

「上洛」って？

大軍を率いて京都へ入ることだよ。朝廷がある京都へ、途中にいる戦国大名たちを倒して大軍で入れば、それだけの力があるということを日本全国に知らしめることができる。朝廷もそれを認めざるを得ないので、天下統一に大きく近づくことになるんだ。そしてそのために信長は将軍を奉じた。つまり、「オレたちのバックには室町将軍がいるんだぞ」と、祭り上げたわけだ。上洛後、１５７０年には、徳川軍と共に、近江国《おうみのくに》（※）の大名・浅井《あざい》長政《ながまさ》と越《えち》前国《ぜんのくに》の大名・朝倉義景《あさくらよしかげ》の連合軍と、近江国の姉川《あねがわ》流域で激戦を繰り広げ、これにも勝利した。その後、信長に従わない近江国の比叡山《ひえいざん》延暦寺《えんりゃくじ》を焼き討ちしたりと、逆らう者を次々と攻め、１５７３年、室町幕府も滅ぼしてしまった。

※現在でいうと、近江国は滋賀県。越前国は福井県北東部

ついに室町幕府が滅びてしまったんだね。

１５７５年、信長は長篠の戦いで甲斐の名門・武田家に大勝し、翌年には近江国に壮大な安土城を築城し、自らの居城とした。天下統一まで、残る強敵は、中国地方の毛利氏と、関東の北条氏のみとなる。

しかし、豊臣秀吉《とよとみひでよし》に命じて毛利氏を攻めさせ、その援軍に向かう途中、信長は京都の本能

寺で家臣の明智光秀《あけちみつひで》に襲撃され、討ち取られてしまった。1582年のことだ。

「本能寺の変」だね。天下統一まであと一歩だったのに。

中国地方にいた秀吉は毛利氏と休戦し、急いで京都に引き返す。「中国大返《ちゅうごくおおがえ》し」と呼ばれるほどの常識外れのスピードで帰ってきた秀吉は、その勢いのまま光秀を打ち破る。その後、残る北条氏も滅ぼし、信長の遺志を継いで1590年、天下統一を果たすんだ。

ようやく戦国時代がこれで終わったんだね。

人々にとって苦しい時代だったけれど、長引く戦国の世によって、日本は世界最大級の鉄砲保有国となっていた。くしくもこのことが、日本を狙うヨーロッパ列強（※）の牽制に役立つことになる。

※世界規模の影響力をもつ国々。強国または大国

どういうこと？

ここでいったん、世界の情勢に目を向けてみよう。

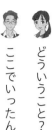

貿易風と偏西風に乗って世界を旅しよう！
地球規模で吹く風を利用した「風使い」コロンブス

ヨーロッパでは、領土と植民地（※）の獲得を巡って世界の覇権を争う大航海時代が到来していた。さっき話した、フビライ・ハンが側近にしたイタリアの商人のことおぼえてる？

※ほかの国に支配された地域。土地を奪われたり、政治や外交などの権利を奪われたりした。「植民地」というのは英語の「Colony」を訳したことばで、「耕すためにやってきた人たちの土地」という意味。「その土地に人を植える」というニュアンスではない

マルコ・ポーロだね。

そう。イタリアの港町・ヴェネツィアの商人であり冒険家のマルコ・ポーロが書いた『東方見聞録』が、約150年後、ジェノヴァ共和国の商人、クリストファー・コロンブスの手に渡るんだ。

『東方見聞録』って、『世界の記述』ともいうんだよね。どう違うの？

よく知っているね。マルコ・ポーロは訪れたさまざまな国で、人々から世界各国の情報を得ていた。のちにそれらの話を本にまとめたので「見聞録」や「記述」と呼ばれているのだけれど、もともとの本のタイトルは実はよくわかっていないんだ。

　1450年頃、ドイツのヨハネス・グーテンベルクという人が、活版印刷の技術を発明したことで、ヨーロッパの人たちは本を手に入れやすくなっていた。この本もいろいろな国で出版されたので、日本含めアジアでは『東方見聞録』が一般的だったり、ほかの国では『世界の記述』が一般的だったりと、地域によってタイトルが変わっていってしまったようだ。

　この本の中で、日本は「莫大な金《きん》を産出する島、ジパング」と紹介されていた。当時の日本では金はあまりとれなかったのだけれど、伝聞で書かれたものなので、誤りも多かったんだ。しかし、これに影響を受けたコロンブスは、はるか遠くに「アジア」というミステリアスな地域があり、そこには黄金の島・ジパングがある。アジアを訪れて大量の金を手に入れたい。こう考えた。そしてスペインをスポンサーにつけ、アジアをめざして出発した。

大冒険の始まりだね。何だかワクワクするね。でもなぜ陸ではなく海を渡ることにしたの？

陸路には強大なイスラム国家であるオスマン帝国が存在していたので、それを避けるように海路をとったんだ。コロンブスは、1492年に大西洋を横断し、「アメリカ大陸」周辺のカリブ諸島に「初」上陸した。なぜそれまで、ほかの航海者は成功しなかったと思う？

何でだろう。誰もチャレンジしなかったから？

コロンブスの前にも、多くの航海者が大西洋の横断を試みたのだけれど、アゾレス諸島から

西へはどうしても進めなかったんだ。
　このアゾレス諸島というのは、スペインやポルトガルのイベリア半島の西、ポルトガル沖から約1000キロメートルの大西洋上に浮かぶ島々だ。そこから先は、西から東へ地球を1周する偏西風が吹いていて、この西風が船の進行を妨げた。
　のちに、石炭、石油、重油と、船の動力は変わっていくけれど、当時は、風力を利用する船だったため、風の流れには逆らうことができなかったんだ。

じゃあ、不可能じゃん。

当時も多くの人がそう思っていただろう。でもコロンブスは、知識と柔軟な発想で不可能を可能にしてしまう。何をしたかというと、スペインを出発すると、まずいきなり南下した。

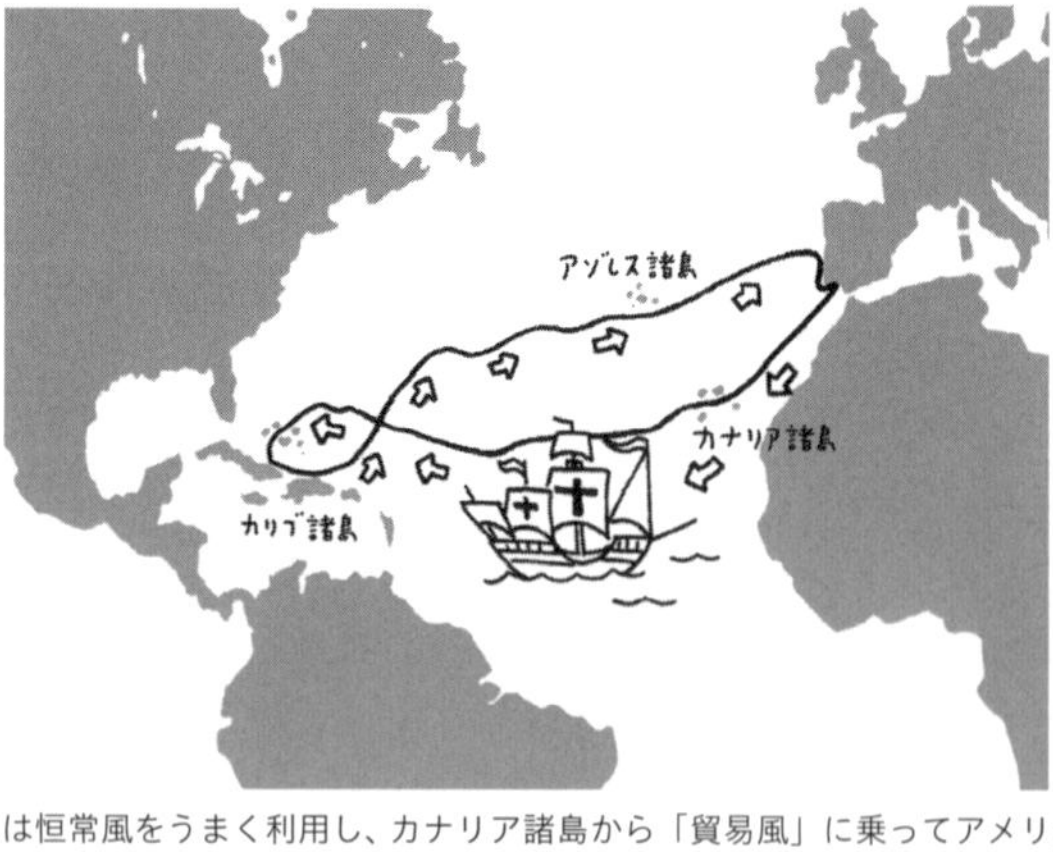

コロンブスは恒常風をうまく利用し、カナリア諸島から「貿易風」に乗ってアメリカ大陸へ向かった。帰りは「偏西風」に乗ってヨーロッパ大陸へ戻った。

西へ向かうのではなく南？

そして、アフリカ大陸の北西の沿岸近くにあるカナリア諸島にやってくる。火山の噴火によって生まれたこのカナリア諸島は、「風の島」と呼ばれる。1年を通じて東から西へ、強い「貿易風」が吹いているためだ。ここで1カ月ほど待機してベストな風を待ち、貿易風に乗って、大西洋を渡ることに成功したんだ。

すごい。よくコロンブスはそんなことを知っていたね。

地球の形や気象をものすごく研究していたらしい。でも計算違いも多くあった。例えば、スペインを出港したのは1492年8月3日だけれど、地球球体説に基づいてシミュレーションした到着日になっても、一向に大陸が見えてこない。そのため、不平不満を募らせた船員たちによる抗議が増え、「外国人（コロンブス）に自分たちの命をかけることなんてできない。闇にまぎれて奴を船から落とし、帰国しよう」と考える者も出てきた。

　大西洋というのは極端に島が少ないため、当然、船員たちは「本当に大陸はあるのだろうか。もし見つからなかった場合、もう引き返せないのではないか」と不安になるよね。また、未知の海に対する恐怖心から「突如、地獄に流れ落ちる大滝が現れるのではないか」という迷信を信じる者もいた。暴動が起こりかねない状況の中、コロンブスは船員たちを必死になだめ、「あと3日経っても陸地が見つからなければ、航海をあきらめて引き返す」と約束をしてその場を収めた。

目的地が見つからない、誰も航海したことのない船旅で命の保証もない、そして船員たちの抗議……。それに耐えたコロンブスのメンタルもすごいな……。

その数日後の10月12日の夜中、ついに陸地に到着したんだ。

おお！　良かった。でも帰りはどうしたの？

今度はそこから北上し、偏西風を利用して、アゾレス諸島まで戻ってきたんだ。

なるほど。これまで大西洋への航海を妨げていた偏西風を、今度は味方につけたんだね。

コロンブスが航海を何度も成功させたのは、こうした「風」をうまく利用したためだ。コロンブスの航海を始め、ヨーロッパ人たちによるこの時代の航海は、地球規模で行われている。そのため、**地球規模で吹く偏西風と貿易風をうまく使い分けた**んだ。

なお、「貿易風」は、英語で「Trade Wind」というよ。「Trade」には「貿易」と「通り道」という2つの意味があって、帆船がこの風を利用して海を渡ったことで貿易が活発化したのでこう呼ばれるようになったとも、「ほぼ一定の方向を通って吹く風」という意味でこう呼ばれるようになったとも、いわれている。日本語では前者の「貿易」の意味で訳したんだね。

偏西風と貿易風の境界って、どうなっているの？

風が弱いか、または、「無風地帯」と呼ばれる、風が吹かない場所もあるよ。「サルガッソ海」って聞いたことがあるかい？

サルガッソ海？　聞いたことないなあ。

アフリカ大陸とアメリカ大陸の間、大西洋の真ん中あたりに、「魔の海」と呼ばれるエリアがある。風がないため穏やかだけど、ここに迷い込むと船が動かなくなってしまう。食べるものも尽き、乗船員は餓死し、ガイコツだけが乗った船がさまようことになる。いつしか、「そこを通った船は帰ってこれない」「乗組員のいない幽霊船が現れる」「海中に巨大な化け物がいる」とうわさが流れ、当時の航海者たちに「船の墓場」「失われし船の海」と呼ばれ、とても恐れられたのがこのサルガッソ海だ。

急に何？　怖すぎるんだけど……。本当にあるの？

サルガッソ海と呼ばれるエリアは本当にあるよ。当時、未知の海域には知られていない現象が数多くあると考えられていた。このサルガッソ海は、風や潮の流れの関係で、入り込むと船が身動きできなくなることがよくあった。しかも、水の透明度が高く、船から海の奥底がよく見えた。そのため、海中の巨大な海藻の群れや、抜け出せずに難破した沈没船を見て、船が身動きが取れなくなるのは、怪物の仕業だと信じる人も多かったんだ。

　コロンブスたちも航海日誌に、このエリアに入り込んで船が動かなくなってしまったが、わずかな風によって船を少しずつ進め、かなりの日数をかけてようやく抜け出すことができた旨を記録している。

こうして話を聞く分にはワクワクするけれど、気象や海域に関しての科学的な知識や特徴を知らなければ、急に船が動かなくなるのは恐怖でしかないだろうね。

コロンブスは上陸後、どうなったの？

現地の先住民たちが歓迎し、もてなしてくれた。コロンブスたちも歓迎を喜び、物物交換をしたりと、交流を深めたんだ。

おお。お互いに友好的に関係を深めたんだね。

ところが、コロンブスたちは金《きん》にしか興味がなかった。ジパングで大量の金を手に入れることがそもそもの目的だったからね。コロンブスたちは到着した地がアジアではないことに気

づかないまま、そこに住む人々を「インディオ（インド人）」と名付ける。彼らに金がないとわかると、ゆく先々でそこに住む先住民を虐殺し、奴隷化していった。

ええ！　そうなの？

当時は機械が重労働をしてくれるわけではなかったので、労働力となる奴隷がいればいるほど、生産性が上がり、もうけることができたんだ。

コロンブスが帰還してその報告書が広まると、ヨーロッパでたちまち「新世界」への冒険がブームとなり、世界の争奪戦を始める。この頃はようやく小氷期も落ち着き始め、太平洋上の流氷が姿を消していたことも、航海を助けた。スペインは世界を西回りで勢力圏を広げ、ポルトガルは東回りで勢力圏を広げていった。これにイギリスやオランダ、フランスなどが続く。アメリカやアフリカ、アジアは次々と植民地にされていった。

途中まで、ワクワクする冒険の話だったのに、金にしか興味がないとか、先住民を奴隷化したとか、世界を植民地化していったとか、何だかむちゃくちゃだなあ。

今の価値観からするとむちゃくちゃだけれど、当時のヨーロッパ人たちはそういう感覚はあまりなかったんだ。ポルトガルとスペインは、１４９４年に「トルデシリャス条約」を締結し、両国で世界を二分する「デマルカシオン体制」を取り決めていた。「デマルカシオン」

とは「世界の領土を分割する」という意味だよ。

いやいや、まったくついていけないんだけど……。ポルトガルとスペインが勝手に世界を二分したってこと？

ああ。大西洋上に縦の線を引いて、そこから東側はポルトガルのもの、西側はスペインのもの、と勝手に決めてしまった。それにお墨付きを与えたのが、カトリックというキリスト教の教派のトップである、ローマ教皇だった。

　ポルトガルは、アフリカ、インド、アジアへと進んでいくのだけれど、１５００年にポルトガルのペドロ・カブラルという航海者がインドへ向かっていると、大西洋上で東風にあおられてしまった。西に流された結果、偶然、南アメリカ大陸の東部にたどり着いた。トルデシリャス条約の分割線のポルトガル側に入っているこ

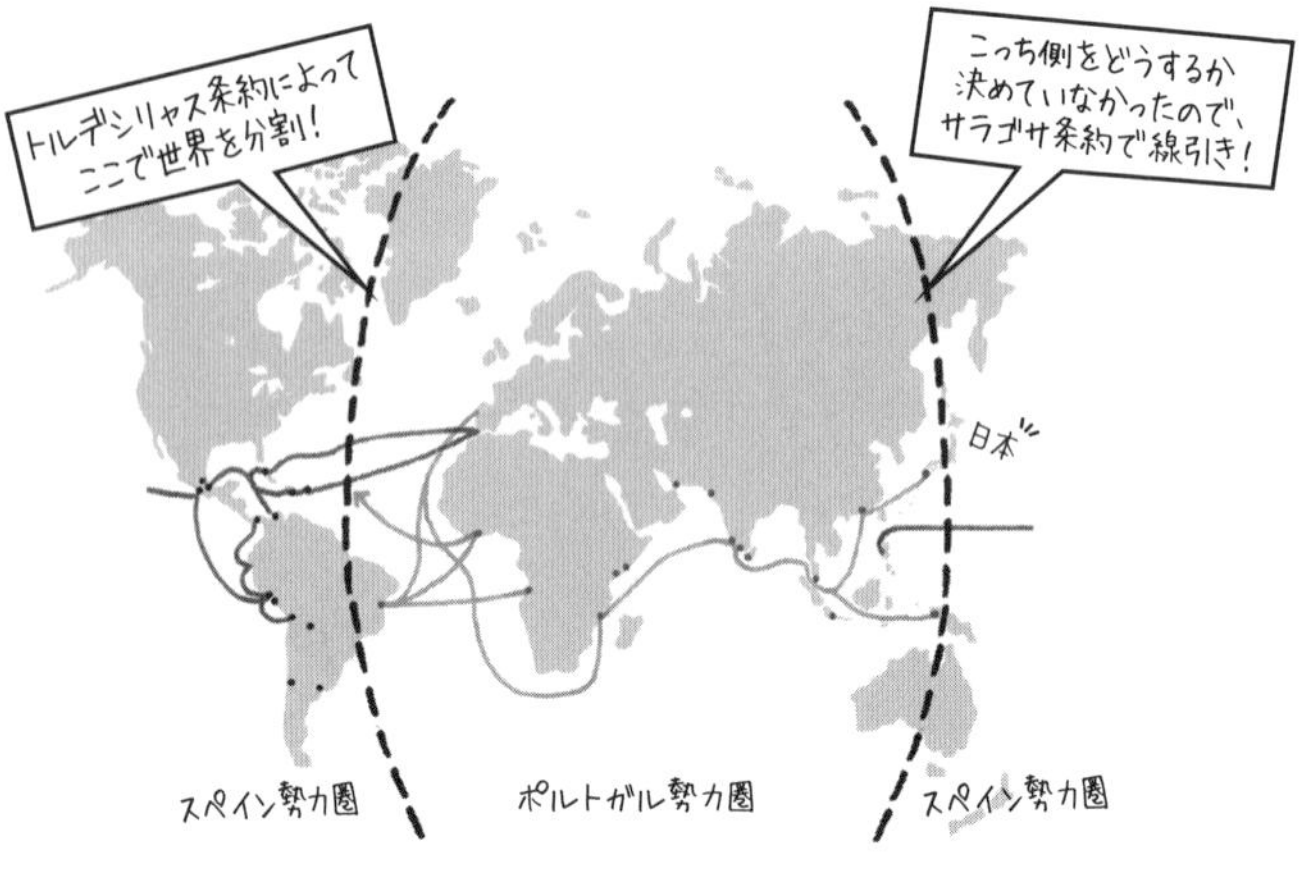

トルデシリャス条約によって
ここで世界を分割！
こっち側をどうするか
決めていなかったので、
サラゴサ条約で線引き！
日本
スペイン勢力圏
ポルトガル勢力圏
スペイン勢力圏

とを根拠に、そこをポルトガル領にしてしまうんだ。その地は「ブラジル」と名付けられた。中南米ではブラジル以外の国はすべて母国語がスペイン語だけど、ブラジルだけがポルトガル語なのは、そのためだ。

風にあおられて「たまたま」ポルトガル人に見つかったことで、植民地にされてことばも強要されてしまうなんて。

一方のスペインは、カリブ海の島々を支配し、1521年に現在のメキシコ周辺にあったアステカ帝国を滅亡させ、パナマやベネズエラなどの南アメリカ西部を植民地にしていった。

さらに南下し、マチュピチュなどの高度な文明を持ち、現在のペルーを中心にコロンビアやチリにおよぶ広大なエリアを有していた、インカ帝国に目をつける。始めは険しいペルー海流に妨げられてなかなか上陸できなかったのだけれど、3度目のときにたまたま「エルニーニョ現象」が起きていて、海流が逆に流れていた。そのため、これまでの苦労がうそのようにスムーズに上陸できたという。そしてインカ帝国もスペインに征服され、1533年に滅ぼされてしまった。

その後も、ブラジル以外のラテン・アメリカを次々とスペイン領にした後、1565年にはグアム島とフィリピンを植民地化。アジアでの勢力拡大に着手する。

地球をぐるりと周って征服していったら、どこかでお互い、鉢合わせになるよね。

そうなんだ。メグちゃんの言う通り、地球は丸いので、ポルトガルとスペインは、両国の裏側に位置する東南アジアのモルッカ諸島（※）で鉢合わせになり、もめた。トルデシリャス条約では、東南アジア含め、地球の東半球に関する取り決めをしていなかったんだ。このあたりはヨーロッパからすればまさに「極東」。未知の世界だった。それで両国は、モルッカ諸島の帰属をめぐって激しく衝突した。

※現在のインドネシア共和国東部のセラム海とバンダ海に分布する島々。香辛料の産地であり、「スパイス諸島」と呼ばれた

大西洋上に縦の線を引いて、東をポルトガル、西をスペインと決めたけれど、東のどこまで、西のどこまで、と決めていなかったので、鉢合わせになって、けんかになった——。

そこで1529年、新たに「サラゴサ条約」を結ぶ。モルッカ諸島の東に再び線を引き、ここから西側はスペインで、東側はポルトガルということにしましょうと、範囲を定めた。

いやいや、だから勝手に決めるなっての。

実はこのサラゴサ条約が、日本の運命を大きく左右することになる。

え！　どういうこと？

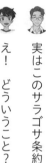

この条約で新たに設けられた境界線を北へ延ばしていくと、日本列島にぶつかるんだ。つまり、ポルトガルとスペインが「ここは私のものだ」「いや、私のものだ」と、共に支配権を主張できるエリアに、日本は位置していたんだ。

いやだなあ。ポルトガルやスペインが攻めてくるんじゃないよね？

1543年頃、大隅国《おおすみのくに》（※）の種子島《たねがしま》にポルトガル人がたどり着く。このとき、鉄砲が伝わったといわれている。そして、1549年にポルトガル系の宣教師、フランシスコ・ザビエルが来日。貧しい人々や病気の人々の話を聞き、病院や孤児院などをつくって布教を行ったので、しだいにキリスト教徒が増えていった。ザビエルはスペイン出身だけど、キリスト教の団体のうち、ポルトガルが力を入れているイエズス会の創設メンバーなので、ポルトガルの要請で世界を布教して回っていたんだ。

　1584年には、スペインの商船が肥前国《ひぜんのくに》の平戸《ひらど》にやってきた。ポルトガルはイエズス会、スペインはフランシスコ会やドミニコ会が中心となって、日本でのキリスト教の布教活動を始めるが、やはり双方は対立する。まさにサラゴサ条約のライン上の争いだ。

※現在でいうと、大隅国は鹿児島県東部にあたる。種子島は大隅諸島を構成する島の一つ。肥前国の平戸は長崎県平戸市にあたる

世界の覇権争いに日本はいつの間にか巻き込まれていたのね。

ポルトガルから鉄砲が伝わったことで、騎兵戦から鉄砲隊による集団戦へと、戦国時代の戦闘方法がガラリと変わっていった。さっき少し話に出た、織田信長が甲斐の武田家に大勝した「長篠《ながしの》の戦い」は、鉄砲隊をフル活用して大勝利した例として有名だね。戦闘方法だけでなく、鉄砲での攻撃や防御を考慮し、お城の建築方法も変わっていった。日本にいる宣教師たちは、逐次、本国へ、布教の進捗と共にこうした日本の状況を伝えていたんだ。

何か、すきあらば日本を取り込もうとしている……？

「日本にもキリスト教を広めたい」という純粋な思いで活動する宣教師も多かったと思うけれど、一部の宣教師やそのバックにいるスペインやポルトガルは、虎視眈々と日本を狙っていただろう。宣教師による布教活動は、ヨーロッパのアジア進出を宗教面から支えるという役割があった。秀吉もそのことを警戒し、スペインのフィリピン総督や、ポルトガル領インドのポルトガル副王に対し、いくつもの牽制の書状を送っている。そして、日本人が奴隷として海外へ連れて行かれていること、さらに、それに宣教師が関係していることを知ると、１５８７年に「バテレン追放令」を発令。宣教師たちを国外へ追放してしまった。

秀吉、するどいなあ。

危険を察知する直感や警戒心がとても強いというか。情報への感度や実行力含め、さすがは

天下人だね。1592年に秀吉は朝鮮出兵に乗り出し、失敗に終わるけれど、日本の海外への軍事行動にスペイン側は警戒し、支配する国に戒厳令を敷いて厳戒態勢を取らせた。

　アステカ帝国やインカ帝国は、スペイン軍が数百人と少数だったにもかかわらず、王が捕らえられるとあっさりと崩壊してしまった。しかし、日本は長らく戦国の世で、室町将軍の権威は失墜していた。多くの大名が将軍よりも力を持ち、誰が一番の実力者なのかよくわからない。鉄砲を備えた重装備による戦闘が日常茶飯事に行われている。ようやく全国を統一した王が現れて取り込もうとしても、外国勢力を強く牽制してくる。さらに日本は、世界の鉄砲の生産量の過半数を占める世界最大級の鉄砲保有国となっていたため、うかつに武力をちらつかせて脅すことができない——。スペインの宣教師は、ラテン・アメリカや東南アジアの国々を植民地化したときのような手は使えないと判断し、「日本を武力で征服することは不可能だ」と同胞に書面で伝えている。

やはり狙っていたということなのか……。でも大きな戦争にならなくてよかった。

彼らが日本に持ち込んだ鉄砲が、ある意味、ネックになったんだね。

この頃は、ポルトガルもスペインも余力がなくなっていて、武力による日本征服は断念。草の根的な布教活動によってキリシタンを増やしていく戦略へと、方向転換するんだ。

朝霧が両軍を翻弄した「関ヶ原の戦い」強固な布陣を敷いた石田三成はなぜ敗れたか？

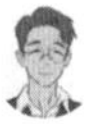

秀吉の死後、戦国時代の終盤に起きた最大規模の合戦といえば、「関ヶ原《せきがはら》の戦い」だね。五大老の中で最大勢力を持つ徳川家康《とくがわいえやす》率いる東軍と、毛利輝元《もうりてるもと》を担いだ石田三成《いしだみつなり》率いる西軍が、日本を二分して関ヶ原（※）で激突した。どっちが勝ったかな？

※現在の岐阜県関ケ原町付近

徳川家康の東軍だよね。

その通り。激闘の末、東軍が勝利した。実はこの戦いも、天気の影響を受けているんだ。

そうなの？

合戦前日の1600年9月14日は雨だった。家康たちは美濃国の赤坂（※）に陣を敷いた。一方、三成たちは、その日の夜にこの合戦の本部である大垣城《おおがきじょう》を出て、家康の進路へ先回りをする。家康は赤坂を出発してこれを追い、早朝午前6時頃、両軍は関ヶ原で向かい合う。諸説あるけれど、東軍が約8万人、西軍も約8万人で、両軍の兵力は拮抗していた。

※現在でいうと、赤坂は岐阜県南部の赤坂町付近、大垣城は大垣市郭町、関ヶ原は不破郡関ケ原町に、それぞれ位置する

合わせて16万人、すごい数だね。

合戦当日の９月15日は、新暦では10月21日にあたる。秋も深まっている上に、この頃は現代よりも平均気温が低い。前日までの雨は、合戦当日の朝には止んでいたけれど、深夜に雨の中を進軍した寒さと疲労に耐えながらの布陣で、眠気も襲ってくる頃だ。

気になっていたんだけれど、旧暦と新暦ってどういうことなの？　昔と今とでカレンダーが違ったの？

現在、日本で使われている暦は**「新暦」**といって、**「太陽の動き」**に合わせてつくられた「太陽暦」というものなんだ。それまでは**「月の満ち欠け」**をベースにつくられた暦で、新暦ができてからは**「旧暦」**と呼ばれている。新暦は、１８７３年の明治６年から使われていて、旧暦の「１８７２年12月３日」を、新暦の「１８７３年１月１日」としてスタートした。

どうして１カ月ぐらいずれたの？

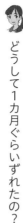

旧暦がベースにしていた「月の満ち欠け」は、月を見ればいいのでわかりやすい。そのため、航海や狩猟で便利だった。月が新月になる日を「１日」として、そこから２日、３日と数えていった。そして次の新月がくると、そこからまた１日、２日、３日と数えていく。

でも、月の満ち欠けの周期は約29.5日なので、12カ月だと354日となる。1年は365日なので、11日ずれてしまうんだ。これを修正しないまま放っておくと、20年経つ頃には、夏に元旦がきてしまう。そのため、数年に一度、「**閏月**《うるうづき》」として、ひと月を差し込むことで、このずれを修正したんだ。

閏月が入る年は、1年は13カ月になるってこと？

その通り。しかも、どの年に1カ月足すかというのは、きちんとしたルールがなかった。そのため、「現在の何月何日は、旧暦でいうと何月何日か？」というのを正確に答えるのは、当時の記録が残っていない限り、難しい。特定されているものは、そこにいたるまで、多くの研究者による気の遠くなるほどの努力があるんだ。

カレンダーがずれてきたら、困る人も多いんじゃないの？　逆によくそれまでは、そのやり方でやってこれたね。

そうだね。例えば、農業で収穫をあげるためには、収穫の時期を正確に把握しなければならなかった。そのため、農家の人たちは、季節を把握する方法として「**二十四節気**《にじゅうしせっき》」という目安を使っていたんだ。中国から伝わった1年の数え方で、1年を「春夏秋冬」の4つの季節に分け、さらにそれぞれを6つに分けている。例えば春は「立春」「雨水」「啓蟄」「春分」

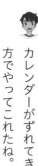

「清明」「穀雨」の6つだ。

立春や春分って、今でもよく聞くね。

この二十四節気も、新暦と同様に、太陽の動きに合わせてつくられたため、二十四節気と現在のカレンダーは毎年、ほぼ一緒になる。そのため、今も季節を知ることばとして使われているんだ。

普段何気なく見ているカレンダーって、意外と奥が深いんだなあ。**僕たちは太陽の動きに合わせて日々、生活をしている**んだね。

特に日本では、昔から太陽を特別な存在と捉えてきた。天照《あまてらす》大神《おおみかみ》など、太陽に関する神話や伝承も多い。日本は四季がバランスよく巡ってくるし、農耕民族なので、お日さまが好きなのだろう。国旗にも太陽を選んでいるからね。

たしかに海外の国旗は、太陽よりも、月や星を使ったものが多い気がする。

国旗というのは、その国の成り立ちや特徴が込められていることが多いけれど、国によっては、太陽に良いイメージを持っていないこともあるんだ。あるアフリカの人は、太陽についても「暑すぎて息苦しいイメージだ」と言っていたよ。地域によってまた、太陽のイメージも変わるんだね。

　関ヶ原の合戦に話を戻そう。前日までの雨の影響と山に囲まれた盆地（※）であったことから、関ヶ原一帯は深い霧が立ちこめていた。

※周囲よりも低く平らな地形のこと

前に家族旅行で、早朝の山の中を車で走っていたら、霧がすごすぎて、車が崖から落ちないかハラハラしたよ。山の中の霧って、本当に何も周りが見えなくなるよね。

よく山の斜面に発生する「**滑昇霧**《かっしょうぎり》」だね。湿った空気が山にぶつかり、そのまま空気が山の斜面に沿って流れることで、強制的に上へ昇っていく。すると、空気が冷えて霧になる。
　ほかにも霧にはいろいろな発生のパターンがあるんだ。例えば「**放射霧**《ほうしゃぎり》」は、風が弱く雲のない晴れた日に、昼と夜の気温差が大きくなったとき、地表近くの空気が冷えて発生する霧だ。春や秋の時期に夜に雨が上がると、翌朝、この放射霧が盆地の底に溜まったような状態になっていることが多い。たいてい、日の出の後、2～3時間で消えていく。

海や川にも霧が出てたりするよね。

海のほうは「**移流霧**《いりゅうぎり》」だね。暖かく湿った空気が、冷たい海の上に流れ込んだときに、空気が冷やされて発生する。「**海霧**《うみぎり》」とも呼ばれるよ。川のほうは「**混合霧**《こんごうぎり》」といって、湿っ

た空気が、寒気とぶつかって冷やされると発生するんだ。水温の違う川同士の合流地点でよく見られる霧だよ。

「霧」と「もや」ってどう違うの？

見渡せる距離が1キロメートル未満、つまり、遠くまで見渡せないのが「**霧**」だよ。100メートル先さえ見えないほど霧が濃い状態は「**濃霧**《のうむ》」と呼ぶこともある。
　一方、見渡せる距離が1キロメートル以上、つまり、遠くまで見渡せるのを「**もや**」と呼んでいるんだ。

秋の盆地で、雨上がりなので、関ヶ原では放射霧が発生していたのね。

両軍が到着した時の関ヶ原は、まさに「濃霧」の状態だ。しかも、気温が低いところに、何万人もの人が集まっている。寒い日の夜、外で運動をして汗をかくと、体から湯気が出るよね。前に、山の中で開催されたスポーツイベントに参加したことがあるのだけれど、数万人規模になるとものすごい熱気で、湯気によってあたり一面が真っ白になるんだ。
　両軍の距離はわずか4キロメートルだが、周囲がまったく見えない状態だ。そのため膠着状態が続くが、午前8時半頃になると、ようやく少し霧が薄れてくる。
　すると、このタイミングをみはからっていたかのように、東軍の後方から、井伊直政《いいなおまさ》らの騎馬隊が前方へ出てきた。東軍の最前線には福島正則《ふくしままさのり》軍がいたのだけれど、「物見《ものみ》」とうそをついて、福島軍の前に出てきたんだ。次の瞬間、対峙する西軍の宇喜多秀家《うきたひでいえ》軍に向かって、一斉に鉄砲を発射した。そして宇喜多軍もこれに撃ち返した。「しまった、先をこされた」と思った福島軍は、西軍に向かって突撃し、いよいよ天下分け目の戦いが始まった。

しかし、未だ立ち込める霧が、西軍の連携を困難にしてしまう。

西軍だけ？　東軍と西軍どちらもではなく？

霧の中での戦いというのは難しいので、もちろん双方にとって、霧は厄介だ。ただ、西軍の大名の多くは、丘陵地帯である関ケ原の地形を活かし、東軍を囲む形で、山の上に要塞のように陣を敷いていた。通常であればとても堅固な陣形のはずだ。しかし、地上でも視界がわるいのに、山の上ではほとんど地上の様子が見えなかった。

さらに西軍にとって、困ったことが起きた。戦が始まっても、東軍の後方に位置する南宮《なんぐう》山《さん》に陣を構えていた西軍の吉川広家《きっかわひろいえ》が動かなかった。吉川は、西軍の総大将である毛利輝元の従兄弟にあたる。輝元は大坂城にいるので、この日、毛利軍を代表して率いていたのは、輝元の養子の毛利英元《もうりひでもと》だが、毛利軍の先頭に陣を構える吉川がいつまで経っても動かないので、西軍の要である英元の軍も動くことができなかった。

吉川、何しているんだよ……。

毛利軍が動かないので、近くに陣を敷いていた西軍の大名たちも、「え？　毛利はなんで動かないの？　もしかして東軍と内通してる？」「このまま東軍を攻めても、背後の毛利が裏切って後ろから襲ってきたらたまったものではないぞ」と疑心暗鬼になり、動くに動けなかった。結果、南宮山にいた西軍3万以上の兵は、戦いに参加できずにいたんだ。

ということは、実際に戦っていたのは、西軍5万人と東軍8万人ということ？

そうだね。それでも西軍は、最初のうちは奮闘し、すさまじい戦いぶりだった。これには家康も焦った。南宮山の西軍3万がまだ動いていないのに、戦いは互角という状況がバレれば、一気に毛利たちが東軍に向けて攻撃をしかけてくるかもしれない、と。
　西軍には、家康と内通している小早川秀秋《こばやかわひであき》がいた。小早川が早く裏切って西軍を攻撃してくれれば、この状況を一気に瓦解できる。でも、小早川もなかなか動かない。

小早川、何しているんだよ……。

吉川も小早川も、家康と内通していたとされているが、戦況次第でそのまましれっと、西軍として参戦する可能性もあった。

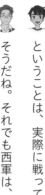

地上の放射霧は、陽が昇り、太陽の光で地表付近の空気が暖められると、薄らいでいく。

一方、標高の高い山中では、霧が消えるまでに時間がかかる。どうやら戦いは始まったようだが、いまいち様子がわからない。山の上に陣を敷いた大名たちは、戦況の把握に必死だったはずだ。

見晴らしの良いところに陣を敷いたけれど、霧のせいでそれが仇となってしまったんだね。

晴れていれば戦況の把握に有利だけれど、霧で見えないとなると、地上から届く情報を待つしかない。高い山に陣を敷いたために、情報伝達にも時間がかかる。小早川が陣を敷いた松《まつ》尾山《おやま》は、家康の陣がある桃配山《ももくばりやま》よりも、標高が150メートル以上高かったので、家康よりも戦況の把握は遅かっただろう。

ようやく霧が晴れてくると、松尾山のふもとに陣を敷いていた西軍の大谷吉継《おおたによしつぐ》が激戦を繰り広げていた。西軍の司令塔である三成も奮戦している。一方で、桃配山の家康は誰にも攻められていない。その背後に陣を構えている毛利勢も動いていない——。

西軍が不利とみた小早川は、腹をくくって、山のふもとの大谷軍へ、一気に攻めかかる。味方のはずの小早川軍に後ろから攻められた大谷軍は混乱に陥り、西軍は総崩れとなった。午後2時には東軍の勝利という大勢《たいせい》が決まり、天下分け目の戦いは、約6時間で決着した。

この日、霧がなければ、どうなっていたかな。

強固な布陣を敷いていた西軍は、間違いなく有利だっただろうね。
　吉川はこの合戦の後、「霧が深く、遠くが見えなかった。山の下の様子もよくわからなかった」と、毛利輝元に、軍を動かさなかったことを弁明する手紙を送っている。霧を言い訳にしているけれど、実際に霧が深かったのも事実だったのだろう。
　でも、戦いがどう転ぶかは難しいところだ。野戦の経験が豊富な家康は、どのような天気でも勝つ自信があったのかもしれない。家康は、息子の秀忠に、徳川の精鋭3万8000という大軍を預け、関ヶ原に向かわせていた。でもこれを待たずに決戦に持ち込み、勝利してしまったからね。

東軍8万に3万8000が加われば、かなり有利だよね。なぜ待たなかったの？

西軍の真田昌幸《さなだまさゆき》・信繁《のぶしげ》親子の作戦にはまって、秀忠軍は、信濃国《しなののくに》（※）で長らく足止めをくらっていたんだ。
　秀忠はいつ到着するかわからない。それを待っている間に、西軍の大将である毛利輝元が関ヶ原に駆けつけるかもしれないし、大坂城の豊臣秀頼《とよとみひでより》までが奉じられて戦場に現れるかもしれない。そうすれば、東軍は明らかに動揺し、吉川や小早川も、東軍へ寝返ることをやめ

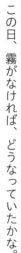

るだろう。

さらに、関ヶ原の戦いの当日は、猛将・毛利《もうり》元康《もとやす》らが率いていた西軍の別働隊1万5000が、東軍の城を攻略しながら、東軍の背後に迫っていた。もし家康が開戦を遅らせていたら、秀忠よりも先に、この西軍の援軍が到着し、東軍は窮地に陥る可能性が高かった。そのため、秀忠たち3万8000を待たずに、決戦に挑んだ。そして勝利したんだ。

※現在の長野県と、岐阜県の一部

そう考えると、やっぱり家康の判断力ってすごいね。

家康というのは、乱世を40年以上戦い抜いた歴戦の武将であり、野戦にも慣れている。かつて織田信長が桶狭間の戦いで勝利したように、戦というのは、兵の数だけではないことも十分知っている。情報収集、事前の根回し、人心の掌握をした上で、気象や地形、味方の士気、タイミングなどを総合的に見て、戦機を捉えたんだ。

関ヶ原の合戦に勝利した家康は、1603年に征夷大将軍に任命され、江戸幕府を開く。その後、大坂冬の陣と夏の陣の二度の戦いで豊臣家を滅ぼし、天下を治めたことで、長かった戦国時代は終わりを迎えた。

ついに太平の世が訪れたんだ。

POINT!

私たちは太陽の動きに合わせて日々、生活をしている。
地球の気候が変化すると、社会に大きな変革が起こり始める。

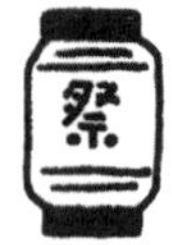

第 3 章

夕涼みのお囃子《はやし》講義

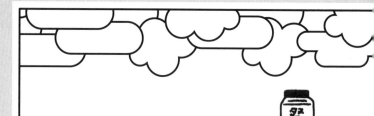

「雨、あがったんじゃない？」

オムライスを食べ終わったメグルが、外に目を向けて言った。

「本当だ」

そう言うと、ワタルは3杯目の水を飲み干した。

「じゃあ、そろそろ外に出ようか」

ミナカタは伝票を手に取る。ほかの客も雨が止んだことに気づき、待ってましたとばかりに、次々と席を立つ。レジにちょっとした列ができた。

会計を終えて外に出ると、雨上がりの空がすがすがしい。雨による開催中止を心配していた人たちの心も晴れ、会場に活気が戻り始めている。不安への反動が、花火大会への期待をいや応なしに高めた。

ワタルがハッとして、ミナカタのほうを振り向く。

「ゲームセンターへ行くんでしょ！」

「ああ、そうだったね」

3人はゲームセンターでスマートボールや射的を楽しんだ。お店のおばあちゃんがどんどんボールをサービスしてくれる。意外と長居をしてしまい、ゲームセンターを出たときには、さっきよりもずっと人が増えていた。屋台はどこも長蛇の列だ。

「花火、どのあたりが見やすいかな？」

「湖の近くはすでにすごい人だね」

「こっちへおいで。穴場があるよ」

　ミナカタはそう言うと、湖畔とは逆の方向へ歩いていく。

「え、そっち?」

　メグルとワタルがミナカタを追いかけていく。商店街の裏に出ると、表の通りに並行するように裏道が通っている。その向こうは小高い丘になっていた。

　まばらに人はいるが、どうやら地元の人たちが多いようだ。この辺りに詳しい人でなければ、わざわざ湖から離れて裏道に来ないだろう。丘を登ると、たしかに眺めがいい。

「さあ、ここにレジャーシートを敷いて、花火が始まるまで待とう。花火の開始までまだ時間はあるけれど、じきにここも人でいっぱいになる」

　雨で湿った草木の上にシートを敷いて、3人で座る。遠くからお囃子の音色が聞こえる。

「開始まであと45分ぐらいか。それまで話の続きをしよう」

なぜ家康は水害に悩む田舎「江戸」を選んだのか？
東京に「水」にちなんだ地名が多い理由

徳川家康は、当時、だいぶ田舎だった「江戸」に、なぜやってきたと思う？

江戸って、今の東京だよね。東京って田舎だったの……？

北側は山がそびえ、西側は林に覆われた武蔵野の野原が広がっていたんだ。山からの大きな川と海が交錯する江戸は泥だらけの大湿地帯で、ほとんど未開の地だった。満潮になれば江戸一帯に海水が入り込んできて、水浸しになったという。

コンクリートだらけの東京が昔は水浸しだったなんて、想像つかないなあ。

豊臣秀吉が北条家を滅ぼした１５９０年、秀吉は家康に、北条家の領地だった関東八カ国（※）を与えた。現在でいうと、神奈川、埼玉、東京、栃木、群馬、千葉、茨城に相当する。つまり、関東をまるまるあげたわけだね。

※相模国（神奈川）、武蔵国（埼玉と東京と神奈川の一部）、上野国（群馬県）、下野国（栃木県）、安房国（千葉県南部）、上総国（千葉県中部）、下総国（千葉県北部と茨城県の一部）、常陸国（茨城県）の八カ国

それまでの家康の領地に、関東がまるまる加わったってこと？

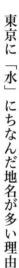

いや、関東をもらう代わりに、それまで家康の領地だった、駿河国、遠江国、三河国、甲斐国、信濃国をすべて秀吉に差し出す必要があった。家康や家臣たちは、先祖代々暮らしてきた土地を手放さなければいけなくなったんだ。しかも関東は、戦が続いたことで荒れ果ててしまっている。
　それに、これまで北条家を慕っていた人たちからすると、心情的に、新参者である家康をよく思っていない人たちもたくさんいたかもしれない。反乱が起こるリスクだってある。

なぜ秀吉はそのようなことをしたの？　嫌がらせ？

家康という強大な力を持っている大大名を、自分がいる大坂から離したかった。かつて秀吉の上司だった織田信長は、すぐ近くを本拠地にしていた明智光秀に討たれたからね。
　とはいえ、家康の面子も保たなければいけない。そのため、「国替え」してもらう代わりに、今よりも大きな領地を与えることで、バランスを取ったんだ。ただ、これまでの領地から離れすぎても、家康の家臣たちが不満を募らすかもしれない。また、大坂からあまり遠くにすると、家康の動きを把握することができなくなる。そのため、微妙な位置にある関東に、家康を追いやることにしたんだ。もしうまく統治できなかったり、人々が反乱を起こしたりすれば、その責任を追及して家康の領地を没収し、力を弱めることもできる。

秀吉は怖いなあ。

秀吉としては、ようやくつかみ取った天下だ。それを脅かす芽は、自分が生きているうちにできるだけ摘み取っておきたかったのだろうね。その最大の芽が、家康だったんだ。

　当然、家臣の中には反対する人も多かったはずだし、家康自身も複雑な気持ちだっただろう。でも家康は、秀吉の命令に素直に応じた。少しでも怪しい動きをすれば、たちまち滅ぼされてしまうかもしれない。強大な力を持つ家康といえども、時の最大権力者である秀吉に逆らうわけにはいかなかった。ただ、家康が江戸へやって来た理由はそれだけではなく、何より、江戸という地に魅力を感じていたんだ。

そうなの？　これまでの話を聞くと、デメリットしか感じられないけれど……。

秀吉含め、誰もが、家康が関東で本拠とするのは、当時、関東の中心地だった「小田原」か、かつて鎌倉幕府の本拠だった「鎌倉」だと思っていた。

　でも家康が選んだのは、武蔵国の漁村の「江戸」だった。ここには室町時代の１４５７年、扇谷上杉家《おうぎがやつうえすぎけ》の武将で城造りの名人といわれた太田道灌《おおたどうかん》がつくった江戸城があり、かつては名城といわれた時代もあったけれど、道灌が暗殺されると、この城含め江戸一帯は廃れてしまった。

その後、江戸城は関東を制覇した北条氏の支城（※）の一つとして活用され、家康が本拠に選んだときは、すでに道灌が築城してから100年以上経っていた。名城だった頃の面影はなく、石垣さえない時代遅れの古びた建物に過ぎなかったんだ。

※本城を補助するための城や砦

なぜ家康はそのようなところをわざわざ選んだの？

家康は、江戸の地理に目をつけたんだ。北側の山からいくつもの川が流れていて、そのまま南側の海へと注がれている。つまり、江戸は「水」に恵まれていた。**水脈があるということは、飲み水に困らないし、農業も発展する。水上交通を整備すれば多くの物を運ぶときにも便利だし、港を整備すれば船で日本中へ行くことができる。**当時の交通は、今よりも陸上交通が発達しているわけではない。多くの関所を通過する手続きも面倒だ。そのため、水路のほうが早くて便利だったんだ。

　家康は、水に恵まれたこの地を、水を活かす形で整備し、大坂のような大都市にしたいと考えた。

なるほど「水」かあ。途方もない考えだけど、発想がさすがだね。

1590年、家康は江戸城に入城すると、城の大規模な拡張工事に着手。まずは、江戸湾か

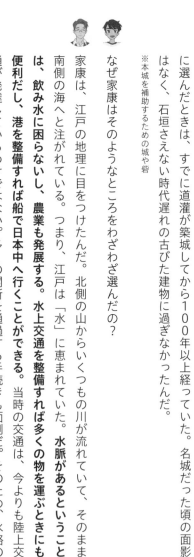

ら江戸城への水路を整備し、建築資材などを海から効率的に運べるようにした。同時に、江戸城近くの海の埋め立てを始める。

江戸城って今の皇居だよね。そのすぐ近くまで、海だったということ？

ああ。当時、江戸城のすぐ東側と南側は「日比《ひび》谷入江《やいりえ》」と呼ばれる入江だった。入江というのは、陸地に海や湖がえぐるように入り込んできている地形のことだよ。今の東京駅、有楽町、日比谷公園、新橋、汐留、浜松町あたりは入江になっていて、江戸湾、つまり今の東京湾が入り込んでいた。家康は、この入江を土で埋めて、埋立地にしたんだ。

その大量の土はどこから持ってきたの？

江戸城の拡張工事で掘り起こした土のほか、江

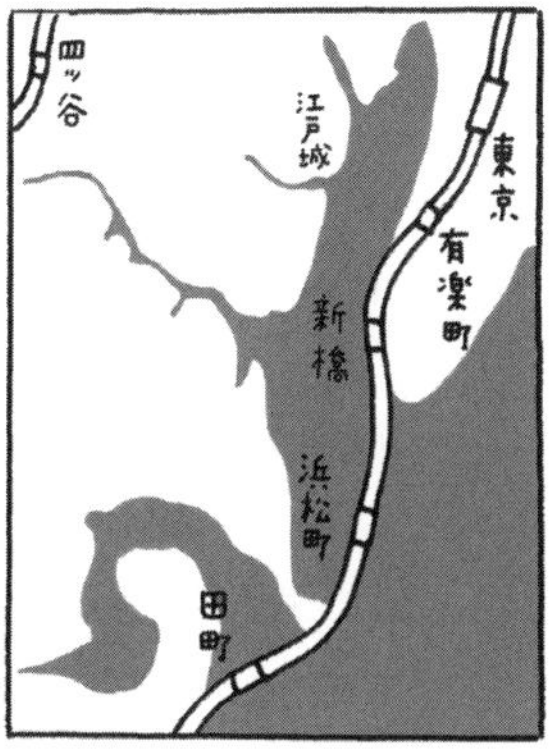

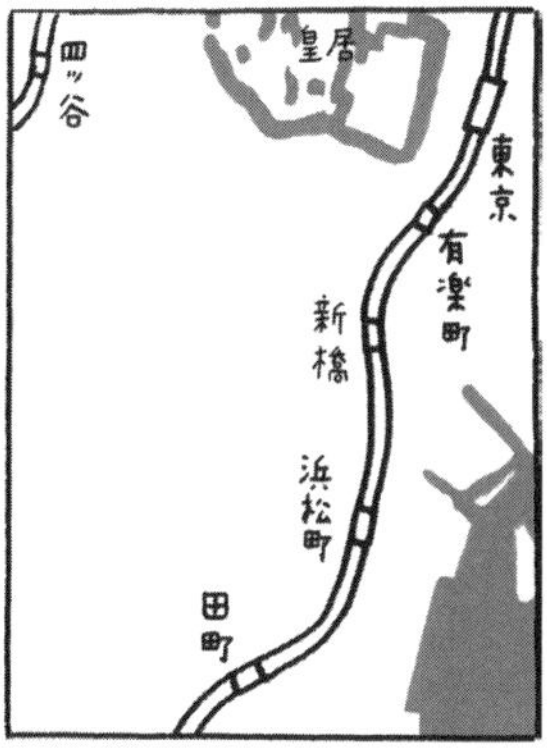

右の図が現在の東京。左の図が中世の江戸（わかりやすいよう、現在の山手線を記載）。入江なので、江戸城の向かいは「江戸前島」と呼ばれるちょっとした半島になっていた。その半島部分は現在の銀座や日本橋にあたる。

戸城の北側、現在の御茶ノ水駅あたりには「神田山」という山があって、これを切り崩して埋め立て用の土に使った。

ＪＲ中央線に乗ると、市ケ谷駅から飯田橋駅あたりに池が見えるのだけど、あれも江戸城に関係しているの？　釣り堀があるよね。

あそこは、江戸城の「外堀《そとぼり》」だよ。江戸城は「内郭《ないかく》」が周囲約8キロメートル、それを囲む「外郭《がいかく》」が周囲約16キロメートルあった。この外郭に沿うように水路が張り巡らされていた。その池だよ。

江戸城ってそんなに巨大だったのか。

内郭ってお城を石などで囲んだものだよね。外郭というのは何を囲っているの？

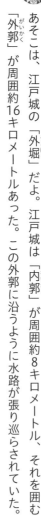

城下町だよ。内郭が城を囲み、外郭が城下町を囲んでいた。内郭と外郭の二段構えで敵からの攻撃に備えているんだ。こうした構造を「総構《そうがまえ》」といって、江戸城が「最強の城」といわれるゆえんだ。

　外堀には橋がかけられ、その橋を渡ると「見附《みつけ》」と呼ばれる城門が設置されていた。「見附」は「見張り」という意味だ。今もＪＲ四ツ谷駅近くに、外堀にあった城門「四谷門」の名残である、大きな石垣が残っているよ。

こうして江戸の町は、**防御と生活の2つの観点から効率的に水路が張り巡らされ、水運が発達していった**んだ。今は陸上交通が発達しているので、なかなかイメージしづらいよね。

18世紀前半の1720年頃には、人口が100万人を超える世界一の都市となり、「大江戸」と呼ばれるまでになった。家康は、江戸という土地の利点を見出して、都市をデザインして、多くの人を集めたんだ。

ただ、大都市になる過程で、さまざまな課題も出てくる。その中でも最重要課題が「飲み水」の確保だ。江戸はもともと漁村であり、海が近かったので、井戸を掘っても塩の味がして飲めたものではなかった。今の溜池山王《ためいけさんのう》駅あたりを人工池にして、湧き水を溜め、飲み水に活用したりしたけれど、急速な人口増加にまったく対応できなくなった。

そこで、家康は、江戸に入るタイミングで、菓子職人だった大久保藤五郎《おおくぼとうごろう》という人に、1590年、上水道の整備を命じたんだ。**「上水道」というのは、飲み水のための水道**のことだよ。一方、**「下水道」は、人々が生活で使用した水を流すための水道**のことだ。

菓子職人から、江戸の水道整備の責任者に!?

もともとは武士で、合戦で家康をかばって足に傷を負い、菓子職人になったといわれている。和菓子作りは水の質が重要だからね。水へのこだわりを買われたのかもしれない。

藤五郎は、武蔵野の台地にある、良質な水が湧き上がってできている3つの池に注目した。井《い》の頭《がしら》池、善福寺《ぜんぷくじ》池、妙正寺《みょうしょうじ》池だ。これらの池を水源としたそれぞれの川が合流し、江戸城近くの日比谷入江へと流れ込んでいた。しかし、途中から海水が混ざって、しょっぱくなってしまっていたんだ。そこで、海水が混ざる手前に堰《せき》をつくって川の水を溜めておき、そこから分けた水を人々の飲み水に活用した。分水《ぶんすい》されたこの上水は、「小石川《こいしがわ》上水」と呼ばれるようになる。

この事業の功績から、藤五郎は、「水の主」と書いて「主水《もんど》」という名前を家康から拝命し、「大久保主水」の名で知られるようになる。「水が濁らないよう」にという意味を込めて、「もんど」ではなく「もんと」と読ませたといわれている。

しゃれた読み方だなあ。

江戸時代の初期は、こうして何とか飲み水を確保できたけれど、その後、江戸の人口がどんどん増加するにつれ、やはり飲み水が足りなくなっていく。そこで小石川上水をさらに発展させ、より広い範囲に水を供給する「**神田上水**《かんだじょうすい》」が整備された。神田上水へ水を運ぶためにつくられた橋が「水道橋」だ。JR水道橋駅の由来だね。

その水って、そのまま飲むの？　不衛生じゃないの？

水は各所にある井戸へと給水されていくのだけれど、水質を管理する「水番人」が随時、チェックするんだ。また、上水流域では、水浴びや洗濯は禁止された。それでもそのまま飲むわけにはいかないので、江戸の人たちは、こうした水を煮沸《しゃふつ》させてから飲んでいたようだ。この作業がけっこう手間だったようで、煮沸した水を売る業者が活躍したらしいよ。砂糖入りの味付きの水もあったみたいだ。

ミネラルウォーターを買うような感覚だね。

神田上水は１６２９年頃に完成したといわれ、その約２７０年後の、１９０１年(明治34年)に役割を終えて暗渠《あんきょ》となった。暗渠というのは、水路に覆いをしたりして、外から見えないようにすることだ。その跡は、現代の道路の形にも表れているよ。

　神田上水と共に江戸の二大上水と呼ばれる、もう一つの重要な上水が「**玉川上水**《たまがわじょうすい》」だ。三代将軍の徳川家光《とくがわいえみつ》のときに、「参勤交代《さんきんこうたい》」(※)が制度化されたこともあり、江戸の人口はどんどん増えていった。赤坂の溜池や神田上水だけでは飲み水が足りなくなってしまったんだ。そこで１６５３年、幕府は、江戸の遠く西側の多摩地域に流れる多摩川の水を江戸に引き入れるという大規模な計画を立てたんだ。

　この工事の全体の統括として老中《ろうじゅう》の松平信綱《まつだいらのぶつな》を、マネージャーとして水道奉行に伊奈忠《いなただ》治《はる》を、そして、現場監督として庄右衛門《しょうえもん》と清右衛門《せいえもん》という2人の兄弟を、任命した。

※諸大名に対し、原則として1年交代で、江戸と領地を交互に住ませた。それまでは慣習として行われていたが、1635年の武家諸法度改定により制度化された

多摩から江戸の中心部までとなると、けっこう距離があるよね。どうやって水を送るの？

土地の地形をうまく活用し、水の自然な流れを利用したんだ。「自然流下方式」というよ。とはいえ、多摩から江戸の標高差は約92メートル。かなりゆるい傾斜に水を流して約43キロメートル先の江戸まで運ばなければならない。

関東ローム層（※）によって地面が水を吸い込んでしまったり、途中で固い岩盤に遭遇してしまったりして、かなり苦労したみたいだよ。

※関東地方の台地や丘陵をおおう火山灰層（『大辞林 第四版』より）

当時は技術的にも限界があっただろうから、大変だっただろうね。

最終的に、現在の羽村市あたりから水を取ることにした。しかし、途中で工事費が尽きてしまう。庄右衛門と清右衛門は、自分たちの貯金や、さらに所有していた町屋敷を3つ売ってお金をつくるなどして、私財を投じてまで工事を続ける。そして、四谷大木戸《よつやおおきど》（※）までの全長約43キロメートルの水道を完成させた。8カ月の工事だったという。

※甲州街道から江戸市街地へ入るための検問所のような役割を果たした関所。現在の四谷三丁目駅付近にあった

たった8カ月!?

土木重機のない時代に、世界最大規模の水道工事を8カ月で完成させたのはすごいよね。

地下に、「樋《とい》」という石や木でできた配水管を埋め込み、そこに水を通すことで、その翌年には、四谷大木戸から先の江戸城や江戸の南西部まで、水を送れるようにした。水量の半分は分水されて、途中にある村などにも送られ、飲み水のほか、新しく田んぼをつくるときなどに活用されたんだ。

水がほとんど来なかった場所にも水が届くようになったことで、それまで人が住めなかった場所でも人が生活をし始め、江戸の街はどんどん大きくなっていった。こうした分水は、江戸時代の後半になると、水車の動力源としても使われるようになっていく。水車で米を精米したり、穀物を粉にしたりと、**水力エネルギー**にしたんだ。

持っていた家を売ってまで工事を続けるなんて、この兄弟は何者なの?

江戸の町人だったとも、多摩川近くの農家だったとも、いわれている。町屋敷を3つも持っている時点で庶民とも思えないから、土木工事や建築工事をひとまとめに請け負い、人も手配したりする、今でいうゼネコンのような仕事をしていたのではないかなあ。しかも、「どうやら兄弟らしい」というだけで、実際に兄弟だったかどうかも定かではないんだ。

いずれにせよ、多摩川の事情に詳しい人たちだったようで、各地を調査したり、計画を立てたりと、とても勤勉な性格だったことがうかがえる。

この2人は、大事業を成し遂げた偉業が称えられ、幕府が給料を支給する形で、玉川上水の永代管理を任せられた。つまり、これからもずっと管理を頼むよ、と。そして、「玉川」という姓をもらい、「玉川兄弟」として知られるようになったんだ。

大治水事業で江戸を世界的都市へ！
利根川を東へ曲げた家康のグランドデザイン

江戸城の大規模改修と拡張、入江の埋め立て、水上交通や上水の整備――。１００万人都市に向けて、急速に江戸は発展していった。同時に、家康はとんでもなく壮大な計画に着手していた。関東全体の地ならしだ。

江戸だけでなく関東全体？

Googleの地図を開いて、表示を「地形」や「航空写真」にして東京からズームアウトしてごらん。関東の西側と北側は、箱根、富士、山梨、群馬に連なる山々に囲まれていて、東側と南側は海だ。関東エリアは天然の要塞なんだ。このことは、家康が関東に目をつけた理由

の一つでもあった。

　でも、さっき話したように、北側の山から流れてくるいくつもの川と、南側の江戸湾の海がまじわるため、家康が来た頃は、関東は泥だらけの大湿地帯だった。江戸で雨が降らなくても、北関東で雨が降れば、それぞれの川が氾濫し、江戸に水が押し寄せてきた。

　とにかくこの状況を何とかしなければ、水上交通や上水をせっかく整備しても、大雨や大雪のたびにマヒしてしまうし、田畑もつくれない。

人々は安心して暮らせないよね。でも、一体どうするの？

山から流れる川の中で、江戸に流れ込んでくる水量がもっとも多いのが、利根川だった。利根川は何度も洪水を起こし、流域に大きな被害を与えてきた。さらに洪水のたびに川の流れのルートが複雑に変わるため、対策も難しい。まさに暴れ川だ。この利根川を、江戸ではなく、千葉のほうへ曲げる計画を立てたんだ。

え、利根川って、めっちゃ大きい川だよね。この流れを変えてしまうってこと？

そうなんだ。利根川は、群馬県利根郡みなかみ町の山ふかくを水源としていて、今はそこから千葉県の銚子方面へ流れ、最後に太平洋に注がれている。群馬、埼玉、栃木、千葉、茨城、東京の一都五県にわたり、全長３２２キロメートル、流域面積では全国一の、日本最大規模の川だ。
　これが当時は、千葉方面ではなく、江戸の江戸湾へと流れていたんだ。その利根川を、江戸へ流れ込む前に、ぐいっと曲げた。

すごいことをするなあ。

このプロジェクトの責任者を任されたのが、家康の側近の伊《い》奈《な》忠次《ただつぐ》だ。

　忠次は、まず、2年かけて関東平野の特徴や気象を徹底的に調べた。洪水を防ぐことができれば、豊かな農地が生まれる。さらに水の流れを利用して物流機能を持たせれば、江戸内で人や物が行き交い、江戸はどんどん発展するにちがいない。「治水」と「利水」を同時に行うべく、1594年、空前絶後の大プロジェクト、「**利根川東遷《とうせん》事業**」が始まった。

家康が江戸に来たときは、利根川は江戸湾へと流れており、江戸は深刻な水害に悩まされていた。

「利根川東遷事業」によって、ほかの川を巻き込みながら利根川を東へ曲げた。現在は千葉の銚子へと流れている。

洪水を防ぐことだけを考えるのでなく、水を活用し、江戸を発展させることまで考えていたなんて、すごいなあ。でも、川の流れなんてそう簡単に変えられないよね。

忠次は、以前、甲斐国を訪れたとき、武田信玄《たけだしんげん》が約20年かけてつくった「信玄堤《しんげんづつみ》」と呼ばれる、巨大な堤防の仕組みに驚かされた。川の流れを岩にぶつけて弱めることで、水流をコントロールしていて、それまで甲府盆地を襲っていた大洪水を解消していたんだ。

　忠次とその息子たちは、こうした武田流の治水技術を参考にしながら工事を進めていった。特徴的なのは、遊水地《ゆうすいち》を設けて洪水が起こるとそこに水が流れ込むようにして水量を調整するなど、自然に逆らわないような工夫を所々に施したことだ。また、洪水などの災害情報を交換できるよう、川の流域に住む人たち同士のネットワークづくりにも力を入れた。

これほどの大プロジェクト、一体どのくらいの期間がかかったの？

約60年かかった。息子の伊奈忠治《いなただはる》たちにその後を託し、忠次は1610年に亡くなった。忠治は、さっき名前が出てきた、江戸の上水道整備のマネージャーになる人だね。

　利根川東遷事業をきっかけに、関東を流れる川が次々と整備されたことで、関東平野は作物がよく育つようになり、巨大な穀倉地帯（※）へと発展。江戸の街の繁栄を支えていった。水上交通が高度に発達した江戸は、多くの人や物が行き交うようになり、全国の中心都市へと成長していく。

※穀物を豊富に産する地域（『大辞林 第四版』より）

関東の地ならしが、現実のものになったんだね。

世界各地の火山噴火が引き起こした「寛永の大飢饉」
江戸幕府を震撼させた「島原の乱」の意外なきっかけ

家康が１６０３年に江戸で幕府を開いて以降、ようやく日本に太平の世が訪れたように思えた。一方で世界を見てみると、１６３０年代から各地で火山噴火が頻発していた。そしてそれが平和に生活していた日本の人々に影を落とすことになる。
　火山が噴火すると、地球の気温はどうなると思う？

やっぱり高くなるんじゃないかな。

実はその逆なんだ。たしかに火山の周辺はとても高くなる。でも、**火山から出る、火山灰や霧状の「エアロゾル」が、太陽光を遮ってしまい、結果的に地球の気温は低下してしまう。**

エアロゾル？　初めて聞いた。何なのそれ？

空気の中に浮遊している、塵《ちり》などの微粒子の総称だ。特に、火山ガスに含まれる「硫酸エアロゾル」（※）が集まると、霧のようになって、地球を覆ってしまう。すると太陽光が地球に入りづらくなり、地球は冷えていってしまうんだ。「**火山の冬**」と呼ばれる現象だ。

※二酸化硫黄などの化学物質が化学変化を起こして硫酸となり、それが水分を取り込むことでできる

火山が噴火すると地球が冷えてしまうなんて、意外だなあ。

火山噴火が頻発したため、１６３０年代から１６４０年代にかけて、世界各地で異常気象が発生するようになる。冬がより厳しい寒さになったり、干ばつ、つまり、雨が長らく降らずに水が乾いてしまったりして、農作物の生産が困難となり、食糧難に陥る国や地域が続出した。そして、その影響はもちろん日本も例外ではない。１６４０年に江戸初期における最大の飢饉、「寛永《かんえい》の大飢饉」が起こるんだ。

え、何か怖いんだけど……。

その兆候として、肥前国の島原（※）で、ある事件が起こった。
島原では、１６３４年から悪天候が続いていた。今話した、世界的な異常気象の影響だろう。凶作が続き、米が収穫できないので農民たちはとても困っていた。もちろん農民だけではなく、年貢を取り立てる側も困っていた。

当時の島原藩の大名・松倉勝家《まつくらかついえ》は、思うように年貢が集まらないことに業を煮やし、米や麦だけでなく、税を払う余裕がない人にも一定の税を納めさせる人頭税《じんとうぜい》など、いろいろな税をつくっては厳しく取り立てたという。

※現在の長崎県島原市。半島になっている

凶作だから、年貢を納めたくても納められないのにね……。

そうだよね。でも勝家は、年貢を納められない人たちを捕まえて、見せしめのために拷問した。例えば、藁蓑《わらみの》を着せて火をつけ、もがき苦しむ姿を「蓑踊り」と呼んでいたという。

その人、何でそんなに残虐なの？　何か腹が立ってきた。

もともと島原は、キリシタン大名だった有馬晴信《ありまはるのぶ》の領地で、キリスト教信仰が盛んだった。有馬晴信の転封後、代わって、勝家の父、松倉重政《まつくらしげまさ》がやって来たのだけれど、重政は徹底的にキリシタンを弾圧し、改宗を迫った。応じなければ拷問や、処刑することもあった。さらに、「スペイン統治下のフィリピンのルソンを攻めに行きたいので、許可してほしい」と、幕府に申し出た。当時、ルソンはアジアにおけるキリスト教布教の本拠地だったんだ。

キリシタン弾圧の取り組みを、幕府へアピールしたかったのかな。

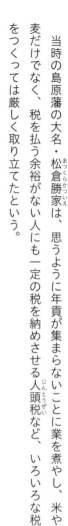

幕府から許可を得た重政は、軍備を整え始めたのだけれど、そのための莫大な戦費や、島原城新築の費用が必要だった。そのため、領民たちに厳しい税を課したんだ。

よく幕府もそんな無謀な計画を許可したね。

当時の将軍、徳川家光が許可をしたというよりは、上司の機嫌をとろうとした幕臣たちが進めたようだ。でも結局、重政は急死し、この計画は頓挫した。その後を継いだのが勝家で、彼もまた、領民にとって過酷な統治を続けることになる。二代にわたる過酷な取り立てや弾圧に耐えかねた島原の人たちは、ついに一揆を起こした。いわゆる「島原の乱」だ。

　さらにこれに呼応し、キリシタンの間でカリスマ的な人気を誇っていた16歳の少年、益田《ますだ》四郎時貞《しろうときさだ》を総大将として、肥後国の天草《あまくさ》(※)でもキリシタンたちが大規模な一揆が起こした。この少年はのちに「天草四郎」として歴史に名を残すことになる。

※現在の熊本県南西部の天草諸島

天草四郎、ゲームやアニメによく登場するので名前は聞いたことあるよ。

島原だけでなく、島原と天草で起きたものであり、また、幕府の都合で「キリスト教徒による反乱」が強調されてきたけれど、実際は、「苛酷な圧政に対しての一揆」という側面も強かったので、最近は「島原の乱」ではなく、「島原・天草一揆」と呼ばれたりするよ。

一揆はどんどん広がり、牢人《ろうにん》や、近隣の村人たち、さらに一部の仏教徒たちも加わって、約4万人近くに膨れ上がっていった。

キリスト教徒だけでなく、仏教徒も一揆軍にいたんだね。牢人って？

牢人というのは、雇い主が没落して勤め先がなくなった武士たちのことだよ。別の字を用いた「浪人」とも書くけれど、そちらのほうは「諸国を流浪する人」という意味合いが強い。もともと天草はキリシタン大名だった小西行長《こにしゆきなが》の領地だったけれど、関ヶ原の戦いで負けてしまったために、家臣たちの多くは牢人となってしまったんだ。天草四郎を担ぎ上げたのも、行長の旧臣たちだったといわれている。牢人の中には、関ヶ原の合戦に参加していた戦上手の者たちもいて、一揆というレベルをはるかに超えた規模だった。江戸幕府は鎮圧軍を派遣したものの、その実態を見誤り、一揆軍に大敗してしまうんだ。一説によると、一揆軍はポルトガルにも援軍を要請していたという。

威信を揺るがしかねない事態に焦った幕府は、次々と援軍を送ったのだけれど、これらもことごとく失敗した。そこで、「知恵伊豆《ちえいず》」と呼ばれた切れ者の松平信綱《まつだいらのぶつな》を幕府から派遣。九州の大名たちの援軍も合わせて、最終的に12万～13万人という大軍で、一揆軍が立てこもる城を囲み、兵糧攻めにした。ときには、ポルトガルが一揆軍に加勢に来たと思わせて、オランダ軍船から一揆軍を攻撃したりと、心理的な揺さぶりもかけた。最終的に陸と海から総攻撃をかけて、ようやく落城する。

天草四郎はどうなったの？

幕府軍に討ち取られて、城の前に晒《さら》し首にされた。幕府軍による総攻撃前に投降した人たちもいたけれど、それ以外の一揆軍は、ほぼ全員、戦死または処刑された。城の跡から、当時の人骨のほか、鉄砲の鉛を溶かしてつくった簡易的な十字架も多く発見されている。

　島原藩の藩主・松倉勝家は、これほどの一揆を招いた原因をつくったとして、斬首された。江戸時代に大名が切腹ではなく、斬首を言い渡されたのは、この1件のみといわれている。天草側の唐津《からつ》藩《はん》藩主・寺沢堅高《てらざわかたたか》も、天草領4万石を没収された。その後、精神的動揺によって自害し、寺沢家は断絶した。

結局、誰もが悲しい結末になってしまうんだね。

この大事件を経て、幕府はキリスト教をこれまで以上に警戒するようになった。ポルトガル人を国内から追放し、ポルトガル船の来航を禁止。キリスト教を禁止する法令を強化し、「鎖国」政策を徹底するようになる。わずかに生き残った信者たちは、キリシタンであることがバレないよう、深く深く潜伏していった。

　松倉や寺沢の統治がよくなかったとはいえ、これほどの大規模な一揆が起きた大きなきっ

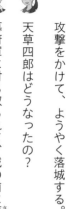

かけの一つが、凶作だった。さらにその要因をさかのぼると、世界的な異常気象であり、世界各地で起きた火山の噴火だ。島原・天草一揆は1638年には鎮圧されたけれど、その後、全国に不穏な出来事が多発する。1638年、西日本で牛疫《ぎゅうえき》というウイルスによる伝染病が流行し、牛が大量死してしまう。1640年、蝦夷地《えぞち》、今の北海道の駒ケ岳《こまがたけ》が噴火し、降り注いだ灰が農地を荒廃させた。また、長雨や気温低下を招いた。一方、関東では雨がまったく降らなくなってしまった。江戸の町人であり作家でもある斎藤月岑《さいとうげっしん》が書いた『武江《ぶこう》年表《ねんぴょう》』という武蔵国江戸の研究書には、「5月も6月も雨が降らない」という記述がある。

梅雨の時期なのに、2カ月も雨が降らないなんて。

農作物は枯れ、食料も底をつき、お腹を空かした大勢の人たちが、江戸や大坂などの都市へ流れ込んできて、路上などで流浪の生活を送ることになる。その多くは、もといた故郷へ送り返されたけれど、一部は「御救小屋《おすくいごや》」と呼ばれる臨時施設に収容され、食事が施されたりした。飢饉は深刻化し、日本全国で餓死者が続出する。正確な人数はよくわかっていないのだけれど、全国で5万~10万人が餓死したといわれているんだ。

せっかく戦国時代が終わったのに……。

家光は、対策本部を設置し、全国の凶作の実態を調査。家臣たちと何度も対策を議論する。

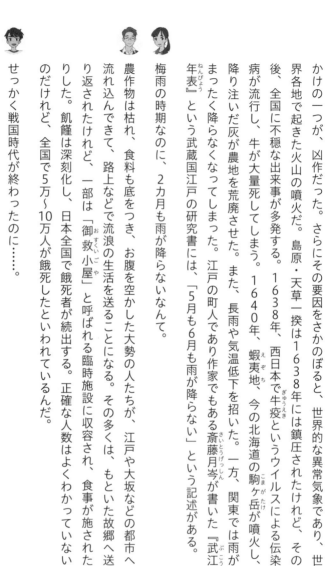

この大飢饉の背景は、異常気象に加えて、太平の世となったことで仕事を失った武士たちが生活に困っていたことや、参勤交代で各藩は多額の出費が必要となり飢饉対策のための費用が捻出できなかったことも、被害を深刻化させた。

そのため家光は、参勤交代で江戸に滞在していた大名たちを急ぎ帰国させ、直接的な指示をもって対策にあたらせた。また、祭礼や仏事などの贅沢《ぜいたく》を禁止したり、年貢米の細かな管理や運搬のための経費を削減したり、酒やタバコの製造を制限したりした。酒は米からつくられるからね。また、タバコは風紀の乱れや耕作の妨げになるとされていたんだ。米や豆腐などを食べる量も制限し、将軍自らも質素倹約に努めた。

家光は真面目で質素倹約って、授業で聞いたことがあったけれど、大飢饉という背景があったんだね。お米を食べる量まで制限されるなんて、何だか当時の人々がかわいそう。

凶作によって米の生産が全国で減っているということは、ほしい人は高いお金を払ってでも手に入れたいと思うから、米の価格が跳ね上がってしまう。人々の食生活に欠かせない米の価格が上昇すると、さらに社会の混乱や不満を招いてしまう。そこで、人々に倹約を促すことで、そもそものニーズ自体を減らしてしまうという目的もあったんだ。

そうなんだね。

この「寛永の大飢饉」は、江戸幕府による全国統治の政策を大きく転換させることになった。それまでは、幕府の強大な力を前面に出すことで、大名や人々を抑え込んでいた。幕府にとって脅威になりそうな大名がいれば、何か理由をつけて改易や減封を命じた。島原・天草一揆でも、大勢の人を鎮圧軍として動員して、力で無理やり抑え込んでいたよね。戦国時代からの軍事体制がまだ続いていたんだ。
　でも今回の大飢饉をきっかけに幕府は、食べ物に困らない安定した世の中を保つためには、「何より農家や人々の暮らしを大切にしなければいけない」と考えるようになった。武力に頼っていた政策から、人をいたわる「撫民《ぶみん》」政策へと、変わっていったんだ。
　戦の世は終わったけれど、こうした飢饉が何度も襲ってきたのが江戸時代という時代だ。江戸時代は1603年から1867年まで約260年続くのだけど、その間に今話した「寛永の大飢饉」のほか、「享保《きょうほう》の大飢饉」「天明《てんめい》の大飢饉」「天保《てんぽう》の大飢饉」といった大飢饉が起きた。これらは「江戸四大飢饉」と呼ばれる（※）。

※各飢饉の発生時期は、寛永の大飢饉は1640年～1643年、享保の大飢饉は1732年～1733年、天明の大飢饉は1783年～1787年、天保の大飢饉は1833年～1837年頃。飢饉の発生時期と収束時期は多くの諸説あり

江戸時代って、そんなにたくさんの飢饉が起きているんだね。

このほかにも、東北地方を中心に甚大な被害をもたらした飢饉がいくつも起きていて、その

中でも特に深刻だったのが、１６９５年をピークとした「元禄《げんろく》の飢饉」だ。

寛永の大飢饉から約50年後の１６９０年頃から、再び地球を異常気象が襲った。ヨーロッパでは厳冬が訪れ、夏も大雨に見舞われた。オランダでは運河が凍りついて水運が麻痺し、島国のアイスランドは流氷に囲まれ船の往来ができなくなった。収穫が少なくフランスなど各国で大飢饉が起き、アイルランドでは疫病が大流行した。中国でも厳冬のために長江が凍結し、あまりの寒さに樹木は枯れ、人間も家畜も凍死したと記録に残っている。

もともと平均気温が低い日本の東北は、冬は大雪、5月～6月は大雨、夏は冷夏と、異常低温が続いた。農作物は育たず、凶作が深刻化し、木の葉や草の根を食べてしのぐような状況だったという。こうした東北の寒冷傾向は、１７０２年まで続いた。

そして、ちょうどこの頃、江戸では大事件が起きている。何だと思う?

え、何だろう。

大石内蔵助ら47人の討ち入りを助けた雪の結晶
忠臣蔵の衝撃的な「その後」

歌舞伎や映画などで今も語り継がれている出来事だよ。

ああ、わかった。忠臣蔵《ちゅうしんぐら》！　前に学校で歌舞伎座を見学したときにやってたよ。

その通り。１７０１年3月14日、江戸城で行われていた大切な儀式のさなかに事件が発生した。毎年正月、幕府は使者を朝廷へ送って、年賀のあいさつをするのだけれど、そのお返しに、朝廷も幕府へ使者を送るんだ。その使者が天皇や上皇の詔《みことのり》を伝えたり、使者を慰労するための能楽《のうがく》などが行われたりする。この儀式の最後の最後で事件が起こった。

　朝廷との連絡や、江戸城の儀式を取り仕切る家柄を「高家《こうけ》」と呼ぶのだけれど、この高家の筆頭が吉良《きら》上野介《こうずけのすけ》だ。高家が取り仕切る接待の手伝いを、3万～5万石ぐらいの大名が務めていて、播磨国《はりまのくに》の赤穂藩《あこうはん》（※）の藩主である浅野《あさの》内匠頭《たくみのかみ》がそれにあたっていた。しかし、儀式が終わる頃、「上野介、おぼえているか」と浅野が吉良に声をかけ、突如、後ろから斬りつけた。吉良が驚いて後ろを振り返ったところをまた斬りつけ、逃げようとしたところをさらに2回ほど斬りつけ、吉良は倒れ込んだ。これで大騒ぎとなったんだ。

※現代でいうと兵庫県南西部

浅野は切腹になったんだよね。

ああ。大切な儀式を血で汚したと、五代将軍の徳川綱吉《とくがわつなよし》の逆鱗にふれ、その日のうちに切腹するよう言い渡された。浅野は、打ち首ではなく、武士として名誉の最期である切腹で死ね

ることに安心し、感謝の意を告げて切腹した。

そもそも何で浅野は、そんなに吉良を憎んでいたの？

高家に対し、儀式などの作法を教えてもらう見返りとして、謝礼を渡す慣習があったのだけど、浅野はこれをしぶった。そのためか、吉良は何も教えてくれなくなり、浅野は失敗が増えてしまう。吉良は、浅野の目の前で老中たちに「浅野は使えない」と悪口を言い放ち、もともと頭に血が上りやすいタイプだった浅野がキレてしまった、といわれている。これが本当ならば、武士にとって侮辱されることは、自身の武士道が否定されたも同然で、黙っていられなかったのかもしれないね。

　また、こういう説もある。お互いの領地では、どちらも塩づくりが盛んで、ライバル関係にあった。そのような中、吉良側が赤穂に人を派遣し、製塩技術を探らせようとしたけれど、それがバレてしまったことで、両者の緊張関係が高まった。そこから両者の関係は悪化したのでは、という説だ。どの説が本当かはわからないし、もしかしたらこれらがすべて絡み合って負の連鎖が起きたのかもしれない。今となっては誰も浅野の心情を知ることができないので、真相は謎のままだ。

吉良は何もおとがめなしだったんだよね。

吉良は浅野よりも石高は少なかったが、家柄が良かったため、官位はとても高い。徳川将軍家とも親戚関係にあるので、むしろ、将軍からお見舞いのことばがかけられた。

一方は切腹で、一方は処罰が何もないどころか、将軍からお見舞いの声までかけられるなんて、ずいぶん差があるね。

ああ。そしてその差が、浅野の家来たちの怒りの導火線に火をつけることになる。
　浅野が吉良を斬りつけたという知らせは、その4日後、赤穂藩にいる家臣たちに伝わる。そしてその日のうちに続報として、主君が切腹したこと、浅野家は近々、お取り潰しになることも伝わった。赤穂藩の筆頭家老の大石内蔵助《おおいしくらのすけ》を中心に、急きょ、対応が協議された。籠城して抵抗する、抗議の意を表明するために切腹する、吉良邸へ討ち入ってそこで死ぬ、といった過激な意見も出たのだけれど、結局、赤穂城を幕府側へ明け渡すことにした。

戦いになるんじゃないかとヒヤヒヤしたけれど、素直に明け渡すことにしたのね。

浅野には弟がいたので、この弟が跡を継ぐ形で、浅野家が再興する望みにかけたんだ。でも結局、幕府の決定は覆《くつがえ》らなかった。江戸城の刃傷《にんじょう》事件から1年4カ月の間ずっと、内蔵助は浅野家再興のために奔走していたが、その努力と希望は打ち砕かれることとなった。

それで、吉良邸への討ち入りを決意したのか。

1702年7月28日、全国に散らばっていた同志たち19人と京都で会議を行い、江戸で集まって吉良邸へ討ち入りをかけることを決定した。12月14日、討ち入りの日を迎え、赤穂浪士たちは、江戸の拠点を午前4時30分頃に出発した。

赤穂浪士の拠点から吉良邸まで、どのくらいの距離があったの？

1キロメートルぐらいなので、普通に歩けば15分～20分ぐらいの距離だよ。

意外と近いところにいたんだね。でも夜中とはいえ、装備して武器を持った大勢の人が、列をなして江戸の街をざっざっと歩いていたら、さすがに途中で騒ぎにならない？　しかも現代のような街灯がないから、提灯を灯しているんでしょ？　遠くからでも目立ちそう。

この日は晴れていて、月が出ていた。そして地面には、前日までに降った雪が積もっていた。この状況が功を奏したんだ。雪に反射する月明かりで足元が照らされ、提灯がなくても歩くことができた。大勢の足音や武具の音などを、雪が吸収してくれた。さっき、雪の結晶の話をしたよね。

うん。雪の結晶は温度や湿度によってさまざまな形になるってやつだよね。

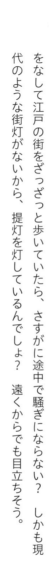

複雑な形をした「雪の結晶」が集まり、「雪の粒子」ができる。これが、一粒一粒くっついて「雪」が形成される。その隙間には多くの空気が含まれていて、音がこの隙間に入り込むと、それを吸収してしまうんだ。そして、複雑な形の結晶内で、音は反射を繰り返し、閉じ込められてしまう。**雪には、こうした、吸音、静音、消音効果があるんだ。**コンサートホールやカラオケルームなどにある吸音材も、同じ原理で音を吸収しているんだよ。

たしかに雪が降っていると、シンシンと静かに感じるね。

さらに雪が積もっていくと、積もった雪の60%~70%は空気の層となり、隙間だらけだ。

アイスバーンのような固い雪でも音を吸収するの?

音というのは、物が動き、その「空気の振動」が、地面や壁に反射し、自分の耳の中の鼓膜に響くことで生まれる。アイスバーンのように踏み固められた雪には、隙間がなくなるので、地面や壁と同じように空気の振動を反射し、騒音を生んでしまうんだ。

雪の「隙間」がポイントなのね。でも寒い日って、逆に、遠くの音がよく聞こえたりしない?
私の気のせい……?

いや、気のせいじゃないよ。**音というのは、「より冷たい方向へ進む」特徴がある。**

音は空気の振動なので、通常は空気と同様に上空へ向かう。でも、地上に近い空気が冷えていると、音が持つ「より冷たい方向へ進む」特徴によって、空へ向かわずに地上を伝《つた》っていく。そのため、遠くまで振動が届き、地上にいる私たちの耳の鼓膜にも伝わってくるんだ。これを「**音の屈折**」という。

寒い冬の夜に遠くの音が聞こえてくるのは、そのためなんだ。

空耳じゃなかった（笑）。

でもこの日は積雪が音を吸収してくれた。47人の赤穂浪士は無事に吉良邸まで到着すると、表側と裏側の二手に分かれる。表側の部隊ははしごを使って表門を乗り越え、向かってきた門番数人を倒し、一気に屋敷内へなだれ込んだ。

吉良邸には１００人以上がいたといわれるが、ほとんどの者が即座に応戦できなかった。長屋《ながや》の出口をふさがれて外へ出られなかったり、裏側の部隊の「火事だ！」という声に惑わされて慌てて外に出たところを討ち取られたり。吉良側も必死に戦ったのだけれど、16人が討ち死に、21人が負傷した。そして吉良も討ち取られた。

午前5時30分頃、討ち入りを終えた一行は、吉良の首を持って屋敷を出る。赤穂浪士側の犠牲者はゼロだった。そこから約11キロメートル離れた、浅野のお墓がある泉岳寺《せんがくじ》へ向かい、午前8時過ぎに到着。お香をたいて、吉良の首を洗い、お墓に供えた。そして内蔵助が、「吉良邸へ討ち入って上野介の首を取ってきました」とお墓に向かって報告し、そこにいた人それぞれが自分の姓名を名乗った後、皆で大声で泣いたという。

その後、彼らは切腹しようとしたのだけれど、お寺の住職に止められ、しばらくしてやって来た幕府の役人たちに引き取られていった。

浅野と同じく、その日のうちに全員、切腹？

この討ち入りは江戸で大評判となり、赤穂浪士たちは英雄となってしまった。そのため、幕府も処分に相当、困ったようだよ。主君である浅野は大名にもかかわらず、事件を起こしたその日のうちに切腹させられたのに、彼らはその後、処分が決まるまで1カ月半もかかっているのだから。将軍も、彼らが忠臣であることは認めているので、武士としての最期を飾るために、切腹を命じるのがよいと考えた。逆にここで彼らを許してしまうと、今度は吉良側がまた仇討ちをしようとするかもしれない。復讐の連鎖になってしまうからね。
そして1703年2月4日、赤穂浪士たちは切腹を命じられる。
一連の事件を「赤穂《あこう》事件《じけん》」といい、その物語は『忠臣蔵』として語り継がれていく。

その後はどうなったの？

赤穂浪士たちは、浅野と同じ、泉岳寺に埋葬された。東京都・港区高輪の泉岳寺へ行くと、

彼らの墓がズラリと並んでいる。忠臣蔵ファンの間では有名なところだよ。

一方、吉良家のほうもただではすまなかった。赤穂浪士が襲撃してきた際、吉良の息子は必死に戦ったのだけれど、結果、討ち入りを防げずに父親の首を取られた罪で、流罪を言い渡されてしまったんだ。その地で幽閉されたまま亡くなり、お家《いえ》断絶となった。

ええ！　赤穂浪士たちの襲撃に応戦したのに？　しかもお家断絶なんて、気の毒すぎるよ。

赤穂浪士たちに切腹を命じ、また吉良側におとがめなしとなると、世間は納得しないかもしれない。そのため、バランスを取って、ということだと思うのだけれど、それにしてもかわいそうだよね。

結局、赤穂事件は、浅野家も吉良家も断絶になったという衝撃の結末だったのか。

吉良を斬りつけた浅野の気持ちをくみ取って、感情や衝動に引きずられて復讐を成し遂げることが、本当に正義なのか。いや、赤穂藩や自分たちの名誉を回復するという大義こそが、彼らにとっての正義だったのではないか——。「忠臣蔵」は、単に武士たちの美談を描いたものではなく、「正義とは何か？」を考える、とても深い物語でもあるんだ。

エルニーニョ現象が誘発した「天明の大飢饉」日本にやって来た意外な救世主とは!?

赤穂浪士討ち入りから30年後の１７３２年、四大飢饉の一つである、「享保の大飢饉」が起こる。原因は、冷夏によって稲が育たなかったことに加え、ウンカやイナゴなど、虫の大量発生という異常事態によるものだ。

イナゴは知っているけれど、ウンカって？

稲の葉や茎を食い荒らして稲を枯らしてしまう、「稲の大敵」といわれる虫だ。昔から東南アジアの国々に甚大な被害をもたらせてきたのだけれど、それが季節風に乗って大量に日本に飛んできた。

風を利用して海を渡るのは、航海者だけじゃないんだね。なぜ急にやって来たの？

何らかの気象の変化が影響しているのではないかといわれているが、原因はよくわかっていない。今は農薬が開発されているので、こうした虫害はある程度、防ぐことができるようになったけれど、当初は、害虫がどこから来るのか、どのように防ぐのか、対処法がまったくわからなかった。

せっかく長い時間をかけて丁寧に育てた稲が、あっという間に虫に食べ尽くされてしまったら、農家の人は本当にショックだね……。

虫害による飢饉は全国に拡大していき、それに伴い、品薄の米は価格がどんどん上がっていく。すると人々は、「打ちこわし」を起こすようになった。「こんなに米の値段を上げるなんて、オレたちに餓死しろというのか！」と、商人の家を次々と襲ったんだ。

さらに、領主や役人に対する「百姓一揆」も多発した。農家の人たちは、「納めたくても納める米がない！」と、年貢の量を減らすことを直訴した。

八代将軍の徳川吉宗《とくがわよしむね》は、米を人々に分け与えたり、米の価格の安定化を図ろうとしたりしたけれど、なかなかうまくいかなかった。吉宗は名君といわれてきたけれど、飢饉対策がなかなかうまくいかず、この頃は批判も多くなっていた。一方で、ある作物を栽培していた農家は、飢饉を免れることができた。その作物とは、さつまいもだ。

さつまいも!?

さつまいもの原産地はアメリカなのだけれど、大航海時代が始まり、コロンブスがアメリカからさつまいもを持ち帰り、それがヨーロッパ中に広まったといわれている。さらにヨーロッパ人によって東南アジアに伝わり、琉球王国（※）を経由し、１６９８年に薩摩国《さつまのくに》に入ってきたんだ。

※現在でいうと、琉球王国は沖縄県、薩摩国は鹿児島県西部にあたる

だから「さつまいも」っていうのか。名前の由来なんて考えたこともなかった。

さつまいもは、干ばつに強く、火山灰などが積もったような痩せた土地でもよく育ち、長期保存も可能で、飢饉が発生した際の非常食として最適だった。さらに栄養価が高く、米よりもカロリーが高い。

このことに注目した学者の青木《あおき》昆陽《こんよう》が、さつまいもを食糧不足をしのぐための「救荒作《きゅうこうさく》物《もつ》」として活用すべきということを、将軍・吉宗に助言すると、これが認められて、東日本のように気温の低い土地でも栽培できるかどうかを実験することになった。苦労の末、見事成功。幕府はさつまいもの栽培を全国に推奨し、日本全国で本格的に栽培されるようになったんだ。この功績によって青木昆陽は、「薩摩芋御用掛《さつまいもごようがかり》」を拝命し、幕臣に取り立てられた。

さつまいもって、享保の大飢饉をきっかけに全国へ広まっていったんだね。「さつまいも係」なんて、何だかおいしそうな名前だな。

この後に起こる、残る2つの大飢饉でも、さつまいもは重宝されることになる。

太陽活動、火山噴火、そして虫害。飢饉の要因はさまざまなんだね。江戸の大飢饉の3つめは何だっけ？

江戸時代に起こった飢饉の中でも最大規模となる、1783年の「天明の大飢饉」だよ。きっかけはエルニーニョ現象だったといわれている。

エルニーニョ現象って、さっきも、スペインがインカ帝国を滅ぼした話のときに出てきたね。どういう現象なの？

太平洋の東部のペルー沖は、赤道に近い割には、海水の温度が低い。それなのに毎年、クリスマスの頃になると、海水の温度が上がる不思議な現象が起こる。ペルーは世界屈指の漁業大国だけれど、海水が温かくなると不漁になってしまい、漁師たちを困らせた。この不思議な現象を漁師たちは「**エルニーニョ**」と呼んだ。ペルーではスペイン語が使われていて、スペイン語で「少年」「神の子キリスト」という意味だよ。

なぜ海が暖かくなると、魚が捕れなくなるの？

原因が特定されているわけではないのだけれど、海水の温度が上がると、海水の塩分濃度も変化し、ペルーで捕れる主要な魚であるアンチョビ、つまりイワシが育たなくなるらしいんだ。すると、そのイワシを餌とする生物たちも育たなくなるという連鎖が起こる。

この現象は、毎年だいたい3カ月ほどで終わる。でも、数年に一度、半年～1年以上と、長期化することがあるんだ。いろいろと調査はされているけれど、なぜ長期化するのか、どのような周期で長期化するのかも、解明はされていない。

11月の月平均のペルー沖の水温が17度～18度程度であるのに対し、エルニーニョが発生すると20度近くになる。たった2度～3度高くなるだけだけれど、海水が温められた状態が長期化することで、太平洋東部の赤道付近の地域に大量の雨を降らせ、ときには洪水を引き起こす。ひいては、太平洋全域に影響を及ぼす。これが「**エルニーニョ現象**」だ。

それが日本の天気にも影響するということ？　ペルーって、日本からめちゃくちゃ遠いようだけれど……。

地球は、表面積の約7割が海に覆われている「水の惑星」だ。その海で一番大きいのが太平洋で、太平洋の表面積は、大西洋の1・6倍、インド洋の2・1倍であり、地球の3分の1を占めている。そのため、**太平洋に何か変化が起こると、それを発端に、ドミノ式に世界各地の気候に影響を及ぼし、異常気象を引き起こしてしまうことがある。**

もともと低かった太平洋東部のペルー沖の海水の温度が高くなると、太平洋西部のインドネシアやフィリピンといった熱帯域の温かい水が、ペルー沖のほうへ広がっていく。温かい水を持っていかれた熱帯域の海水の温度は下がり、水蒸気の量も減ってしまうので、積乱雲が発達しにくくなる。

雨や雷を発生させる積乱雲がなければ、それにこしたことはない気がするけれど…。

積乱雲や台風というのは、短期的に見たら、たしかに人間からすると脅威だ。でも、大気が不安定になると積乱雲が発達するということは、積乱雲は大気の不安定を解消してくれているということでもあるんだ。

　積乱雲が発達しにくくなると、日本においては、夏は、日照り時間が減少し、気温が低くなる傾向がある。冬は、北日本以外は気温が高くなる傾向がある。

積乱雲は必ずしも悪者ではないってことね。

ほかにもエルニーニョ現象は、アフリカなどの熱帯地域では、高温多雨となって環境が悪化し、伝染病が流行りやすくなる。また、ヨーロッパでは猛暑になることが多かったり、アメリカでは夏が涼しくなったり、カナダ西部では冬が暖かくなったりと、何らかの形で世界の気候に影響を及ぼしてしまうんだ。

エルニーニョって、何だか名前はかわいらしいのに、ものすごい影響力だなあ。

天明の大飢饉に話を戻すと、その前年の１７８２年、「天明小田原地震《てんめいおだわらじしん》」が起きて富士山などで山崩れが発生、人々は天変地異の予兆ではないかと不安を抱いた。翌年、エルニーニョ現象の影響もあって、日本は暖冬となり、江戸ではまったく雪が降らなくなる。冬が厳しい東北もこのときは暖冬となった。梅雨頃から大雨が続き、各地で洪水が多発。夏が来ても晴れの日はほとんどなかったため気温が上がらず、厚手の服を着なければいけないほどだったという。冷夏で日照りも少なく、農作物の収穫は壊滅的となってしまったんだ。

冬は暖かったり、夏は寒かったりと、おかしな天気だね。

これに追い打ちをかけるような出来事が起こる。１７８３年３月に岩木山《いわきさん》（※）が、７月に浅間山《あさまやま》が噴火。特に浅間山の噴火では、大量の火山灰と溶岩流、火砕流によって、１０００人以上の死者が出た。近隣の多くの村が荒廃し、流れ込んだ火砕流が水の流れを阻害し、利根川流域に大洪水をもたらしたという。そして火山灰はエアロゾルとなり、日本の上空を薄く覆い、太陽の光を閉ざした。

　これらの火山噴火が、天明の大飢饉を深刻化させたといわれてきたけれど、実は海外でも大規模な火山噴火が起きていた。１７８３年６月に発生して１７８５年まで続いた、アイスランド島南部のラキ火山と、グリムスヴォトン火山の同時噴火だ。天明の大飢饉は、こうした国内外の火山噴火が複合的に影響したことで被害が拡大したというのが、近年の定説だ。

相次ぐ火山噴火による「**日傘効果**」が地球を覆い、噴火が終わった後も世界規模で低温や大雨などの異常気象が続いた。

※岩木山は青森県に位置する火山で、浅間山は長野県と群馬県にまたがる火山

人間にとって悪いことがいろいろと重なってしまったんだね。

この大飢饉は何年も続き、最終的に全国で90万人以上が餓死してしまう。米騒動や打ちこわし、農民一揆が各地で発生し、江戸時代で最大規模の大飢饉となってしまった。

中でも東北の被害はすさまじく、米や麦、稗《ひえ》、豆などが収穫できずに、大量の餓死者を生んだ。牛や馬などの家畜だけでなく、野良犬や野良猫を食べたり、ワラやコケなどを食べてしのいだとも伝えられている。餓死者が出ると「人食い」がやって来て、死体を切り取って持ち去り、鍋で煮て食べたという記録も残っている。

ええ!?　怖すぎる……。

始めのうちは、東北でも打ちこわしや農民一揆が行われたけれど、飢饉が深刻化すると、その余裕すらなくなってしまった。もはや生命力を持続するのがやっとの状態だったのだろう。長引く凶作は、人々が社会へ窮状を訴えるエネルギーさえ奪ってしまったんだ。

悲惨な状況が続いていたのは日本だけではなく、例えばフランスでは、食糧不足や貧困が

深刻化し、貧富の差や王政への不満が蓄積されていったことが、1789年のフランス革命の遠因となったともいわれているんだ。

江戸幕府は、「自分たちが治めている領地は自分たちで何とかしなさい」という「幕藩体制《ばくはんたいせい》」が基本的なスタンスだった。でもそんなことを言っている場合ではなくなり、「日本全体で一丸となって乗り越えなければ、本当にヤバいぞ」という状況に陥っていた。当時は10代将軍の徳川家治《とくがわいえはる》の時代で、この大飢饉の対策に取り組んだ中心人物が、田沼意次《たぬまおきつぐ》だ。

田沼意次、学校の授業で出てきたよ。

田沼は、「老中」と「将軍の側用人」という重職を兼務することで幕府の実権を握ると、商業の発達に力を入れた。江戸幕府の財源を、農民からの年貢に頼るのではなく、商人からの税によってもまかなおうとしたんだ。構造的には、江戸の人口の半分は武士で、何も生産しない武士の生活を、農民の年貢でカバーしていたようなものだからね。幕府の財務状況はつねにひっ迫していた。

ほかにも、ロシアとの交易を見据えた蝦夷地の開拓など、次々と斬新な政策を打ち出していった。また、慢性的な財政難を打破するためには、庶民の持つノウハウや技術を取り入れることも必要と考え、身分にこだわらずにアイデアを採用した。川柳や狂歌といった文化や、漢学や国学といった学問も急速に発展。藩士教育のための藩校や、学者による私塾、庶民が学ぶ寺子屋なども増えていった。

へえ〜。新しい取り組みをどんどんしてくれるのはいいね。やり手だったんだね。

こうした施策が功を奏し、農民たちの負担は少しずつ減って、人々の暮らしが改善してきたかのように思えた。一方で、幕府と商人たちとの関係が近くなったことから、賄賂《わいろ》が横行してしまうんだ。賄賂を役人に渡した豪商は優遇され、それ以外の庶民はないがしろにされる。「天災と飢饉の対策」を名目に、幕府の利益が優先される――。「幕府の政治は腐敗している！」という不満の矛先は田沼に向けられ、田沼はいつしか「賄賂政治家」のレッテルを貼られて、辞任に追い込まれることとなったんだ。

なんだ、実は悪い人だったのか。

田沼はたしかに利益追求型の政治を行ったけれど、どうやら賄賂は、田沼自身が求めたというわけではなかったらしい。田沼は、自らの才能で大出世した新興大名のため、圧倒的に人材が不足していた。仕事に忙殺される中、身分にこだわらずに次々と家臣を増やしたところ、この家臣の中に、賄賂を要求する者がいたんだ。近年、田沼の実像を冷静に分析しようという試みがさかんになっていて、自由な発想を持つ田沼の施策が軌道に乗っていれば、日本にもっと早く資本主義社会が訪れていたのでは、とみる研究者もいる。

田沼の失脚後、変わって改革を行うのが松平《まつだいら》定信《さだのぶ》だ。白河藩《しらかわはん》（※）藩主だった定信は、天明の大飢饉における藩政の建て直しの手腕を認められて、1787年、20代後半のときに老中に就任した。

※現代でいうと福島県白河市あたり

ずいぶん若いんだね。老中って、お年寄りが就くものだと思ってた。

「老中」に「老」という漢字が入っているからね。でもこの漢字はもともと「徳の高い人」「経験をつんだ人」という意味を持つんだ。

定信は、祖父の徳川吉宗をとても尊敬していて、吉宗が行った享保の改革をモデルに、幕政の改革に着手した。定信が1787年～1793年の間に行った改革は、のちに「寛政《かんせい》の改革」と呼ばれるようになる。

有名なのが「囲《かこ》い米《まい》」と呼ばれる制度で、天明の大飢饉を教訓に、それぞれの藩に穀物の備蓄を命じたんだ。農村には蔵を建てさせ、収穫量に対して一定の割合の米や雑穀を備蓄させた。江戸の町人には、飢饉に備えて「七分《しちぶ》積金《つみきん》」という積立金を蓄えさせた。

逆に、それまでなかったのか、と思ったけれど……。

そういう制度がまったくなかったわけではなかったのだけれど、藩の財政が悪化したりする

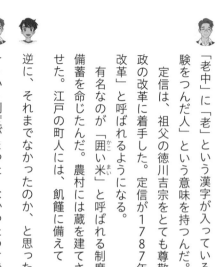

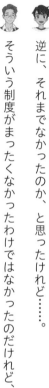

と、その場しのぎで、備えるべき米を売ってしまったりと、あまり機能してなかったんだ。

それまで何度も飢饉が襲っていたはずなのにね。

何年も時が経つと、災害の悲惨さや、もしものときの備えの大切さを、人々は忘れていってしまうものなのだろう。定信は、各藩へ「食料の備蓄は国家プロジェクトである」と宣言し、徹底させた。天明の大飢饉で日本の人口が大幅に減少してしまったため、2人めの子に養育費として金一両、のちに増額して金二両を支給するといった人口増加策も行なっている。

へえ～！　江戸時代にすでに、児童手当の制度があったんだね。

江戸幕府は寛永の大飢饉のとき、「軍事力で人々を統治する政策」から、「人を大切にしながら治める政策」へ転換したと話したよね。でも、現代のような「税金を徴収する代わりに福祉を提供する」といった、行政サービスの発想にはまだまだいたっていなかった。

　でもこの寛政の改革によって、政治というのはそもそも「民から奪う」「民を統治する」ことだけが目的ではなく、「民に提供する」「民を救う」ことも大事な目的ではないかという意識が、幕府の中に芽生え始めた。世の中を良い形で治めて、人々を苦しみから救う、「経《けい》世済民《せいさいみん》」の思想にもとづいた行政が、不完全ながらも生まれようとしていたんだ。「経済」の語源となった考え方だ。

異常気象が大塩平八郎を蜂起させた？
「天保の大飢饉」と江戸幕府の失墜

そして、江戸時代最後の大飢饉が、１８３３年に始まった「天保の大飢饉」だ。東北地方を中心に約7年間も冷夏と長雨が続いた。飢饉が長期間に渡ったことで、死者の数が全国で20万～30万人と、トータルで大きな被害となってしまった。

7年も!?　それほど長引いた原因は何だったの？

異常気象だよ。天候不順による凶作、エルニーニョ現象の多発、そして、１８３５年1月に中米のニカラグアで起きたコシグイナ火山の噴火など、複数の要因が複雑に絡み合って長期化したようだ。

「異常気象」って、「何だかヤバそうな事態」という、漠然としたイメージでしか知らないんだけど、要するに何をさすの？

ごめん、ごめん。これまで私も何度も「異常気象」ということばを使っていたけれど、きちんと説明していなかったね。例えば気象庁は、「30年に1度以下の頻度で起こる現象」と定義している。つまり、**これまでの30年間で、経験したことのないほどの猛暑や冷夏、暖冬や**

厳冬、豪雨や洪水、豪雪や干ばつが起きたりすることを「異常気象」と呼んでいるんだ。私もそうだし、多くの人たちやマスコミの間では、けっこう曖昧にこのことばを使ってしまっているけどね。

　異常気象を引き起こす要因となるのが、地球温暖化、偏西風の蛇行、海面の温度の変動、大規模な火山噴火、太陽活動など、「自然の変化」だ。森林伐採や砂漠化といった人為的な環境破壊も影響を及ぼしている。

偏西風の蛇行というのは、偏西風が曲がりながら進むってこと？

そうだよ。偏西風が蛇行すると、ある地域はいつもより暖かくなったり、いつもより寒くなったり、同じような天気が続いたりするんだ。すると、寒波《かんぱ》や熱波《ねっぱ》（※）に見舞われたり、雨が長期化して洪水や土砂災害を起こしたり、逆に雨が少なく水不足に陥ったりと、異常気象が発生しやすくなってしまう。

　遠い地域で起こった偏西風の蛇行が、日本の気候に影響を及ぼすこともあるんだよ。例えば、ユーラシア大陸の西の端のヨーロッパから偏西風の蛇行が始まり、それがシルクロードを通って、ユーラシア大陸の東の端に位置する日本にまで伝ってくる。「シルクロードテレコネクション」と呼ばれる現象で、日本に猛暑をもたらしたりするんだ。「**テレコネクション**」というのは、大気の変化が、遠く離れた場所に影響を及ぼすことをさす気象用語だよ。

※「寒波」は、2日～3日以上にわたって寒気が続く現象。「熱波」は、4日～5日以上にわたって空気が高温になる現象

ヨーロッパの気候が、日本にまで影響することがあるんだね。世界のどこかで火山が大噴火しても影響があるし、世界はつながっているんだなあ。

気候というのはある意味「システム」なんだ。さまざまな要素と要素が絡み合って、壮大な「気候システム」を構成している。そのため、何か一つの要素に変化があると、システム全体に影響を及ぼすことになる。

こうした異常気象が続いたことで、日本では凶作が長期化。膨大な人口を抱える江戸は、米不足に陥ってしまった。そこで幕府は、関東の各藩へ、囲米を止めて、米を江戸へ出荷することを促した。また、米の問屋でなくても、各自、自由に米を売買してよいことにした。

結果、どうなったかというと、江戸にばかり米が集中し、全国の餓死者はますます増えてしまったんだ。農村部では農民一揆が、都市部では打ちこわしが多発した。甲斐国や三河国では「世直し」、つまり政治改革を求めて「天保騒動《てんぽうそうどう》」といった大騒動に発展してしまう。そして大坂では、大坂の5分の1が焼失する大規模な反乱が起こる。「大塩平八郎《おおしおへいはちろう》の乱」だ。

知ってる。教科書に載るほど有名な事件だよね。

儒学者の大塩平八郎は、以前は大坂奉行の与力（※）を務めていた。今でいえば、大阪市役

所の部長級の役職だ。世の中の状況を心配して何とか力になりたいと、古巣の大坂奉行に、米価安定などの救民計画を何度か提案したが、まったく聞き入れられなかった。米の価格がこれほどまで上がっているにもかかわらず、役人は江戸へ米を送ることを優先し、豪商たちは米を買い占める。天皇がいる京都ですら餓死者が続出し、飢えた人々は食べ物を求めて大坂に流れ、大坂は治安が見る見る悪化していく……。１８３７年、平八郎は武装蜂起した。

※奉行などの部下として、事務の補佐などを行なう役職

ついにブチギレてしまったんだね。

大坂奉行所や大坂の豪商を焼き討ちすることで、世の中に窮状を訴え、幕府に目を覚ましてもらおうと思ったんだ。平八郎の弟子や、同じように役人や豪商に不満を持つ人たちが次々と同調し、反乱は大規模化。各地で放火したため、１２０の町、１万８０００戸以上が焼失し、死者も２７０人以上に及んだ。反乱はその日のうちに鎮圧され、後日、平八郎は短刀と火薬を使って自決する。しかしこの出来事は幕府にとってあまりに衝撃的だった。

幕府のＯＢが幕府に対して反旗を翻したんだものね。

最近の研究では、大坂奉行所も何も対策をしていなかったわけではなく、幕府の要望に応えつつ、大坂の住民のために米を確保しようと四苦八苦していたことがわかってきた。街を焼

いて多くの死者を出した平八郎の乱は、やり過ぎではないかという論調も研究者の間で増えてきている。それでも平八郎が英雄視されたのは、当時の人々の幕府や役人への不満のあらわれなのだろう。

　その2年後の1839年、水野忠邦《みずのただくに》という人が、幕府の老中のトップに抜擢される。11代将軍の徳川家斉《とくがわいえなり》が1841年に死去し、権力を握っていた将軍の側近たちを追い出すと、のちに「天保の改革」と呼ばれる改革に着手した。最重要課題の一つは、やはり米価の安定だ。

またお米が原因で大規模な反乱が起こったりしたら、たまったものではないものね。

この頃は天保の大飢饉は収束しつつあったけれど、いつまた飢饉に陥るかわからない。そのようなときでも、米の価格を一定に保つにはどうすればよいか。水野は、米の価格が変動するおもな要因が、商工業者の組織である「株仲間」であると考えた。売る物の価格を利益優先で操作している株仲間を解散させ、市場を自由化し、物を売る価格を幕府がきちんとコントロールすることで、何かあるたびに物の価格が大きく変動することを防ごうとしたんだ。
　それを推し進めたところ、物価も安定して一定の成果をもたらした。ただ、株仲間から税金を得ていた町奉行たちは、水野と激しく対立した。「遠山の金さん」というテレビドラマがあったのだけれど、そのモデルとなった北町奉行の遠山金四郎景元《とおやまきんしろうかげもと》がその代表で、株仲間の解散命令を町に流さなかったりと、南町奉行の矢部定謙《やべさだのり》と共に抵抗を示した。

バチバチだなあ。

ただ、金さんも水野の改革を認めるところは認めていたようだ。一方で水野は、江戸や大坂近隣の大名や旗本の領地を幕府の直轄領にする「上知令《あげちれい》」を断行しようとしたため、大名や旗本からも猛反発をくらう。さらに、歌舞伎座の郊外移転や華美な風俗の取り締まりをしたことで、庶民の反感も買ってしまった。

大飢饉、米不足、一揆や打ちこわし、上知令の計画、株仲間の解散、風俗の取り締まりなどで人々の不満は増大し、急速な改革に対して幕府内部からも妨害されるようになる。そして幕府内の権力闘争に敗れ、１８４３年に水野は老中を辞めさせられてしまうんだ。

一方その頃、幕府に海外から大ニュースが伝わってきた。清《しん》、つまり、中国とイギリスが戦争して、中国が負けてしまったんだ。

なぜ中国とイギリスが戦っていたの？

少し時代をさかのぼってみよう。１５６８年、スペインの支配下にあったネーデルラントという地域が、スペインに対して独立戦争を開始し、80年かけて独立を勝ち取った。そしてオランダという国をつくった。

続いて、スペインはイギリスとの関係も悪化し、１５８８年に両国が衝突。「無敵艦隊」

と呼ばれていたスペインの艦隊は敗れてしまう。スペインとポルトガルは、世界の覇権を争う力を弱め、イギリスやフランス、オランダが台頭してくるんだ。

スペインに勝利したイギリスは、その勢いでアジアへ進出。１６００年に「東インド会社」を設立した。東インド会社というのは、貿易で利益を得る会社で、今でいう商社だね。

当時、ヨーロッパでは、調味料や薬として重宝されていた、コショウやクローブ、ナツメグといった貴重な香辛料を、インドネシアから輸入していたのだけれど、ヨーロッパから船でインドネシアまで往復するのはかなり大変で、途中で、難破したり、海賊に襲われたりすることも多かった。それで、いろいろな人から資金を集めて会社をつくり、そこから、船の建造や渡航費、香辛料の買い付けなどを行うようにしたんだ。輸入する人だけが大きな負担を抱えていたので、そのリスクを分散させたんだね。

「株式会社」のようなもの？

そうそう。資金を出した人にはその証明として「株式」を発行し、出した資金の割合に応じて、貿易で得た利益を分配した。東インド会社は、株式会社の起源ともいわれているんだ。

なぜ、インドネシアなのに、東「インド」会社なの？

たしかに違和感があるよね。コロンブスがアメリカ大陸に到着した際、そこをインドに着い

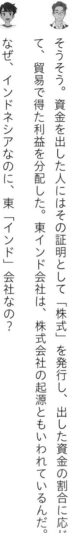

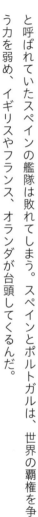

たと勘違いした。ヨーロッパの人たちもそのまま勘違いし、先住民を「インディアン」と呼んでいた。その地を「西のインド」と呼び、本当のインドやその周辺国をざっくりと「東のインド」と呼んでいたんだ。

いい加減過ぎるでしょ。

今の感覚では、アメリカ大陸の先住民と、インドや周辺国の人たちを一緒にしてしまうのは、とても乱暴だし、失礼なことだ。でも当時のヨーロッパの人たちは、そのような違いはあまり大きなこととは思っていなかったんだ。

１６０２年にはオランダも、イギリスの10倍以上の資本金を有する東インド会社を設立。ここを拠点に、オランダは日本との貿易関係を強めていくことになる。さらに、フランスなども東インド会社をつくり、お互いのビジネスがぶつかるようになった。すると何が起こるかというと、自分たちのビジネスを優位に進めるため、現地の国の政治に介入し始め、政治を乗っ取ってしまうようになった。植民地化してしまうんだ。そのような中、イギリスはオランダたちとの競争に負けて、拠点をインドネシアからインドへ移すこととなる。

それで、インドはイギリスの植民地にされてしまうのね。

イギリスは、清からお茶や絹を大量に買っていた。特にお茶は、「紅茶」としてイギリスで

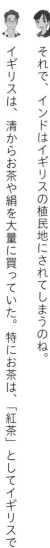

大ブームとなり、消費量が増加していた。でも、イギリスの商品は清から人気がなかったため、清へどんどんお金が出ていってしまっていたんだ。つまり、イギリスは貿易赤字の状態だった。そこで、インドでアヘンという麻薬を栽培させて、それを清に売りつけた。麻薬漬けにされた清は、高いお金を払ってでもアヘンを買うようになる。そのお金がインド経由でイギリスに入り、イギリスは大もうけしたんだ。

イギリス、何だかずるいな。というか、ひどい。

国民が麻薬漬けにされ、お金が海外へ出ていき、国が見る見る駄目になっていく。そこで清は、アヘンの輸入を厳しく取り締まろうとした。すると、イギリスが怒って清に攻め入ってきたんだ。これが１８４０年に勃発した「アヘン戦争」の背景だ。

いやいや、どう考えてもイギリスがおかしいでしょ。

アヘン戦争は2年続き、イギリスが圧勝した。締結された「南京《なんきん》条約」によって、イギリスは清に対し、清の政府などを通さずとも、自由に貿易することを認めさせる。さらに、賠償金の支払いや、香港を差し出すことも命じた。ほぼ植民地のような状態にしてしまったんだ。清はアヘンの蔓延を止める術を失い、お金はますます海外へと流れていってしまった。

それまで東アジアで支配的な存在だった中国は、もはや見る影もない。そして、中国が

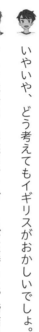

ヨーロッパの手に落ちたということは、次は日本を植民地にしようと、ヨーロッパの国々がやって来る可能性が高まったということだ。

日本、大丈夫かなあ……。

清がアヘン戦争で負けたことは、長崎に滞在していたオランダ人や、清からの商船員を通じて、幕末の日本にも伝わってきた。これまでの日本の歴史の中で深く関わってきた中国があっさり負けてしまったことに、日本は大変なショックを受ける。特に、吉田松陰《よしだしょういん》や佐久《さく》間《ま》象山《しょうざん》といった、海外事情に目を向けている人たちは「日本もやばいのでは」と大きな危機感を抱き、日本を抜本的に改革することの必要性を強く意識するようになった。

それが明治維新の原動力となっていくのね。

さらに、アメリカ大陸でも大きな動きがあった。アメリカがメキシコへ侵略し、メキシコは国土の半分以上を失う。

一方、アメリカ大陸の西部を獲得したアメリカは、そのままどんどん大陸を西へ開拓し、西海岸に到達する。そこから今度は海を渡り、巨大市場の中国に向かうべく、太平洋の航路を開拓し始めた。

そこで、太平洋上の補給地として目をつけたのが、日本だ。

ヨーロッパだけでなく、アメリカも迫ってきているのか……。

当時アメリカは、くじらの脂《あぶら》を、灯油や蒸気船の潤滑油などに使っていた。蒸気船は、それまでの風を利用した帆船と違い、いつでも航海できた。調査によって、日本の近海はくじらが多く生息していることがわかったので、くじらの脂や石炭といった燃料や、太平洋を渡る際の食べ物や飲み物を補給するための港として、日本はベストだったんだ。

1853年、アメリカ東インド艦隊の司令長官、マシュー・ペリー率いる4隻の艦隊が、江戸湾入口の浦賀(※)に来航。長さ約78メートル、大砲10数基を備えた、当時、世界最大級の蒸気船軍艦「サスケハナ号」で威嚇し、江戸幕府に「開国」を強く求めてきた。この「黒船来航《くろふねらいこう》」

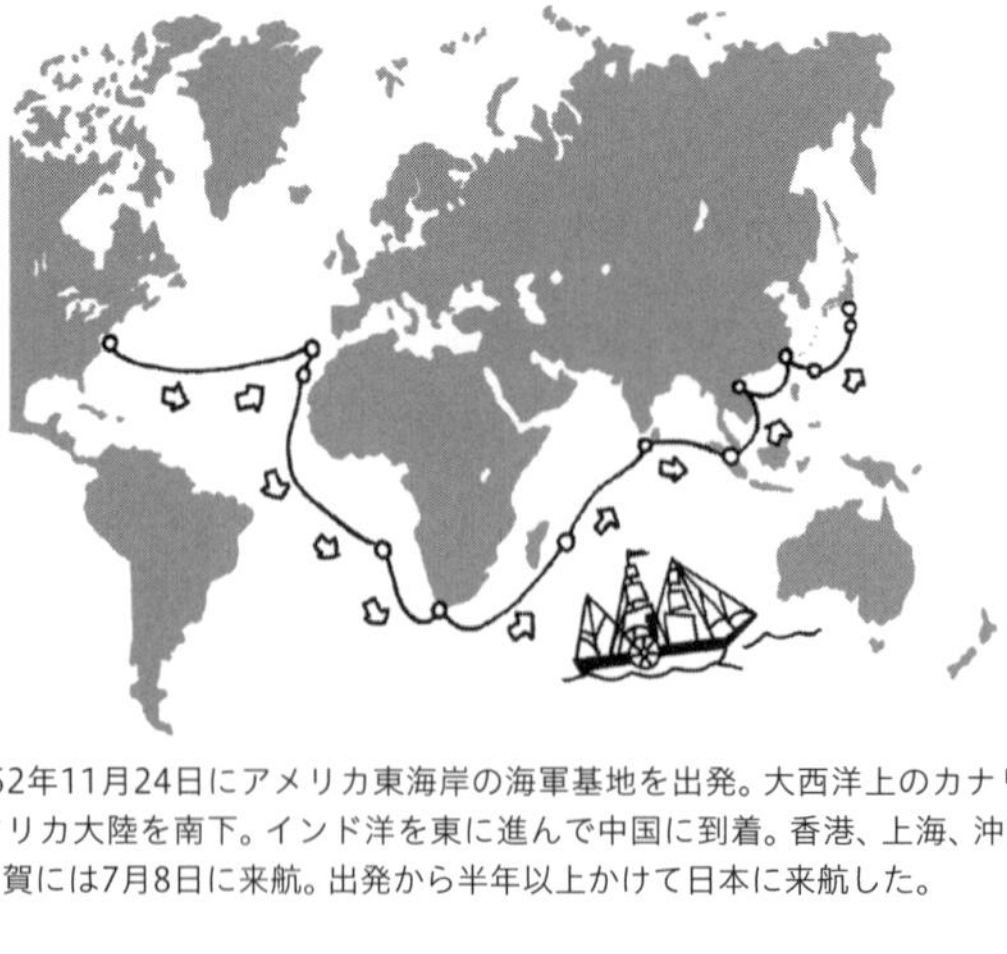

ペリーは1852年11月24日にアメリカ東海岸の海軍基地を出発。大西洋上のカナリア諸島に立ち寄り、アフリカ大陸を南下。インド洋を東に進んで中国に到着。香港、上海、沖縄、小笠原諸島を経て、浦賀には7月8日に来航。出発から半年以上かけて日本に来航した。

によって、日本は次の時代の扉を開くことになる。

※現在の神奈川県横須賀市浦賀

POINT!

地球は「水の惑星」。どこかの海で変化が起こると、世界各地の気候に影響が出る。

第4章

ブルーハワイな熱帯夜講義

「かき氷、買ってきたよ」

山盛りのかき氷を片手に、うれしそうな表情でワタルが戻ってきた。

「味は何にしたの？」

メグルは少しもらおうとしている。

「ブルーハワイだよ」

「おいしそう。でもブルーハワイって、一体、何の味なの？」

メグルはワタルからかき氷を拝借して、口に氷を放り込む。ミナカタが答える。

「かき氷のシロップは、高級かき氷でない限り、どの味も一緒じゃないかな。砂糖やブドウ糖といった糖類に、酸味料と香料、そして着色料を加えてできているよ」

「そうなの？　イチゴ味とかメロン味とかあるけれど、味自体はどれも一緒ってこと？」

「香料と着色料の違いだけだよ。ブルーハワイ味は、ピーチやオレンジ、ラムネあたりの香りがする香料と、青色の着色料を使っているんじゃないかな」

メグルはようやくワタルにかき氷を渡した。すでに半分ぐらいなくなっていた。

「本当かなあ。味も違う気がするけれどなあ」

味を確かめながら、ワタルは残りのかき氷をほおばる。

「たしかに、味も違うかもしれないね」

笑顔でミナカタが言う。

「さあ、そろそろ花火が打ち上がる頃かな」

ひゅ～……。

会話をとめてしばらく待っていると、花火が打ち上がる音がした。

人々が一斉に空を見上げる。

どど～ん!!

始まりを知らせる大きな打ち上げ花火が炸裂した。

「ついに始まったね」

どん！　どん！　どど～ん!!

次々と花火が打ち上がり、三人の鼓膜を震わす。

そこら中で歓声が沸き起こる。メグルもワタルも夜空に広がる色とりどりの光の花に見入っている。さっきまでの雨がなかったかのような空だ。

「一時は雨でどうなるかと思ったけれど、おじさんの予想が当たって本当に良かった」

開始からしばらく経ち、ワタルは花火を数枚、スマホで撮って、誰かにそれを送信した。

「天気予報って、いつからあるのかな」

花火を眺めながら、メグルがつぶやいた。

哲学者の素朴な疑問から始まった気象研究
人間の本性は「知を愛し求める」こと

天気というのは、今も昔も、人類にとってとても重要なものだ。そのため、はるか昔から人類は、天を畏《おそ》れ、愛し、理解したいと思ってきた。これまで話してきたように、**天気は、国の成り立ちや政治、社会に深く関わり、また、宗教や信仰の対象でもあった。そして美術や音楽といった文化の発展にも影響を及ぼしてきた。**「雨乞《あまご》い」って聞いたことがあるかな？

雨を降らせるための儀式だよね。陰陽師《おんみょうじ》が登場するマンガに出てきたよ。

そうそう。日本では古来から、そうした雨乞いの儀式が行われていた。朝廷や幕府が主導する国家規模のものもあれば、集落で慣習として行ったり、農家などの個人で行ったりすることもあった。山の上で薪《まき》を積み上げ、火を焚《た》いて、鉦《かね》や太鼓を打ち鳴らすというのが、日本でもっともよくみられた雨乞いの儀式だよ。逆に、雨が降らないよう晴天を祈る「日乞《ひご》い」という儀式もあった。こうした儀式は、形を少しずつ変えるなどして、現代もいろいろな地域で行われているよ。

遠足の前とかに、よくてるてる坊主をつくってたなあ。あれも日乞いなんだね。

雨乞いや日乞いの歴史というのは、海外ではとても古く、紀元前3500年頃から行われていたという記録もあるんだ。やがて気象の研究が始まり、紀元前650年頃にメソポタミア（※）の古代帝国・バビロニアで雲の形を見て天気を予測していたという記録や、紀元前4世紀頃にインドで各地の雨量を測っていたという記録などが残っている。

特に古代ギリシャでは、気象の研究が活発に行われた。その中心が、ソクラテス、プラトン、アリストテレスといった哲学者だ。彼らは、人間の本性は「知を愛し求める」ことと考えた。これをギリシャ語で「フィロソフィア」と呼ぶのだけれど、英語の「フィロソフィー（哲学）」ということばは、ここからきているんだよ。

※メソポタミアは世界最古の文明の発祥の地といわれており、バビロニアは現在のイラク南部にあったとされる

「知を愛し求める」って何だか格好いいことばだね。なぜ、哲学者が気象の研究をしたの？

「雨が降るのはなぜだろう」といった疑問から、次第に観測を始めたといわれている。特にアリストテレスは、星の動きや大気の現象をよく観察し、天体に関する考えを『天体論』に、大気の現象に関する考えを『気象論』にまとめた。アリストテレスは幅広い分野で活躍し、その後の数多くの学問に影響を与えたことから「万学《ばんがく》の祖」と呼ばれている。

こうした学問のジャンルを「自然哲学」と呼ぶのだけれど、自然哲学の研究は、紀元後にキリスト教が広まると、「自然は神の領域なので、人間が解明することはいけないことだ」

と否定され、ヨーロッパでは下火になっていった。

でもイスラム圏では研究は続いていて、のちに十字軍（※）によって、イスラム圏から古代ギリシャ哲学をルーツとした自然哲学が逆輸入されると、再び研究しようという機運がヨーロッパ内で高まっていったんだ。

※ヨーロッパのキリスト教徒が結成した遠征軍。聖地エルサレムをイスラム教徒から奪還することを目的とした

日本ではいつから天気予報が始まったの？

天気を予報するためには、観測による「**連続した記録**」が必要なんだ。
そのためには専用の道具が必要だ。江戸時代に入り、海外から観測機器が伝来するようになって、ようやく気温や気圧を連続的に記録できるようになる。日本でも本格的に気象学の研究が始まるんだ。
八代将軍の徳川吉宗も気象に興味があったようで、１７１６年に毎日、江戸城内に設置された天文台で雨の量の観測をしたという記録が残っている。また、１７７５年にオランダの東インド会社の医者として、日本のオランダ商館に滞在していたツンベルクが気象観測をしていたという記録もある。

「観測機器」って、どういうもの？

温度計、湿度計、気圧計、風速計、風向き計、雨量計などだよ。雨量計はまあ、極端な話、バケツでも測定できる。昔は人間の髪の毛を湿度計に使っていたようだよ。「毛髪《もうはつ》湿度計」というらしい。

　具体的にいつ頃、こうした機器が日本に入ってきたかは定かではないのだけれど、１６６０年代にはすでに温度計が日本に持ち込まれていたのではないかといわれている。日本人による開発は、１７６８年に平賀源内が温度計のような「寒暖計《かんだんけい》」をつくり、その後、１８４４年〜１８４７年頃により観測に適した温度計がつくられたらしい。

　気圧計に関しては、１８００年頃に、蘭学者の志筑忠雄《しづきただお》という人が、自ら製作した気圧計で数カ月、気圧を観測した旨を、『暦象新書《れきしょうしんしょ》』という天文・物理学書を訳した際に記している。これが、日本人が気象を連続して記録した始まりといわれているよ。つまり、**日本における「気象観測」の始まり**だね。

　ただ、この時点ではまだ個人レベルで、組織化されていない個別の観測では、広い範囲における気象や法則を研究するには限界があったんだ。

天気予報には、「連続した記録」だけでなく、**「組織的な観測」**も重要なんだね。

そうなんだ。組織的な観測が始まったのは１８２８年で、江戸の天文台で7月から12月までの半年間、朝、昼、夜の１日3回、気温と気圧を観測し、『晴雨昇降表《せいうしょうこうひょう》』という本に記録し

た。現存する公式の観測記録としては、これがもっとも古いものといわれているんだ。

「蘭学者」って、オランダの学問を研究している人だよね。なぜこの時代、日本には蘭学者が多かったの？　ほかの国を研究する人がいてもよさそうだけど。

江戸時代というのは、「鎖国」政策によって、外国との交流は厳しく制限されていた。キリスト教の布教を行わないオランダと中国のみ、長崎での貿易を許されていたんだ。ポルトガルも江戸時代初期までは交流があったけれど、島原・天草一揆の後に追い出されてしまったからね。

　さっき話したように、オランダは東インド会社を設立してから、積極的に日本とコンタクトを取ってきた。そのため、西洋諸国の学問や文化を学びたい場合は、オランダとの交流を通じて、オランダ語で学ぶ必要があったんだ。

　1828年9月に、日本である事件が起こった。「シーボルト事件」だ。この事件は、こうした気象観測の記録や、オランダの東インド会社も関係してくる。

シーボルト台風と極秘計画
医者？　蘭学者？　スパイ？　謎の人物シーボルト

シーボルトって、長崎のオランダ商館に来た、お医者さんだっけ？

そう。シーボルトは、オランダからのスパイじゃないかと疑われ、幕府に捕まって取り調べを受けた後、国外追放処分となったんだ。それに、シーボルトは、オランダ人ではなくドイツ人なんだよ。

そうなの？　でもその頃って、西欧ではオランダとしか交流していなかったんでしょ。

ドイツ人ということを隠して日本にやってきたんだ。ドイツの医学界の名家に生まれたシーボルトは、植物学者たちと交流するうちに、植物学への関心が高まっていった。当時、ヨーロッパは園芸ブームであり、その流れで東洋の植物に注目が集まっていたんだ。シーボルトは東洋学の研究者を志し、オランダ国王専属の医者に仕事を紹介してもらって、医者として、オランダの東インド会社に勤務できることになった。

そこで、日本のオランダ商館、つまり「東インド会社の日本支社」に医師として派遣されていたケンペルやツンベルクの記録を読んで、「日本には見たことのない植物が大量にありそうだ」と、日本への関心が一気に高まったんだ。

シーボルトは、東インド会社の総督に「日本で研究したい！　それはきっとオランダの役にも立つはずです」とゴリ押しし、それが認められて1823年に来日する。

ただ、ドイツ人なのでオランダ語は得意ではなく、入国時、日本人の通訳者に「何かカタコトのような気がするけれど、本当にオランダ人か？」と怪しまれたらしいけれど、「オランダでも山奥に住んでいるからなまりがすごいんだ」とうそをついて、その場を切り抜けたらしい。オランダは平地で山はあまりないはずだけれど、日本人にはわからないからね。

なお、オランダ商館は、長崎の小さな人工島である出島《でじま》にあり、ここで活動した外国人の、シーボルト、ケンペル、ツンベルクは、「出島の三学者」と呼ばれているけれど、シーボルトとケンペルはドイツ人であり、ツンベルクはスウェーデン人と、実は3人ともオランダ人ではなかったんだ。

なにそれ？　ありなの？

シーボルトは、日本で鳴滝塾《なるたきじゅく》という私塾を開設し、西洋の医学や学問を多くの人に教えた。

そこで学んだ塾生は、その後、医者や学者として活躍している。同時にシーボルトは、日本の文化や風土を研究したり、出島に植物園をつくったりした。そして、日本で知り合った楠《くす》本滝《もとたき》という女性と結婚した。

日本の医学や学問に貢献してくれていて、とてもスパイとは思えないけれどなあ。

でも、それっぽい行動も多く見られた。例えば、オランダ商館長が江戸へ参勤する際、これに付き添うんだ。そしてその途中で、植物や動物の調査のほか、天候や気温、山の高さや地形、日本近海の海底の深度、さらには京都の天皇や大坂城の状況などを調べた。当時の日本は、外国人が日本国内を自由に旅行することは禁止されていたので、シーボルトにとっては、上司の付き添いで出島を抜け出して江戸まで旅ができるというのは、日本について調べる絶好のチャンスだったんだ。

もともと興味の強かった動植物の調査はわかるとして、海底の深度や城の調査というのは、たしかに何だかあやしいな……。ただ、ひたすら好奇心が旺盛だった可能性もあるよね。

江戸で会った蘭学者に、何の仕事をしているのか聞かれたときに、シーボルトは「内情探査官の仕事もしている」と答えたともいわれてる。

え、それならクロじゃん！　でもそんなにストレートに明かすかな。

いずれにせよ、医者というのは少し無理があったし、日本への関心の強さが突き動かしていたとしても、その範囲を超えていた。そのような状況の中、事件が起こった。

シーボルトが一時帰国のためにオランダ船に荷物を載せ、あとは出発を待つだけというところで、1828年8月9日、現在の暦で9月17日、九州・中国地方に大型台風が上陸。足止めをくらっている間に船が座礁してしまう。その際、荷物に、日本地図や気象観測の資料といった禁制品、つまり、絶対に国外に持ち出してはいけないものが、大量に入っていたことが発覚したんだ。

船に何とか積み込んだのに、台風によってバレてしまったんだね。

なぜ発覚したかについては、荷物の一部が港に流れ着いてバレたとか、長崎港へ引き返した際、積荷をチェックされてバレたとか、シーボルトに日本地図を提供した幕府天文方・高橋《たかはし》景保《かげやす》のライバルに密告されたとか、いろいろな説があるけれど、事実の解明にはいたっていない。大型の台風が実際にあったことはたしかで、シーボルト自身がこの台風について、強風で自宅の2階が壊れてしまい、1階の玄関で身を潜めていたといった状況を記録している。この記録をもとに台風の威力を現在の気圧表記に換算してみると、中心気圧は900ヘクトパスカル、最大風速は毎秒50メートルで、日本の過去300年間で最強レベルだったともいわれている。死者の数は2万人近くにのぼり、この超大型台風は、のちに「シーボルト台風」と呼ばれるようになった。でも、近年は「台風によってバレた」という説よりも、怪しいとにらんだ江戸幕府による調査で発覚したのでは、という説が有力になっている。

台風の被害が特に深刻だった佐賀藩は、財政難に陥るほどで、藩政を立て直すため、大規模な改革を行わざるを得なくなった。先進的な考えを持つ人材を積極的に登用したり、西洋技術をどんどん取り入れたりして近代化を成し遂げ、幕末最強レベルの技術力と軍事力を持つようになったんだ。この後に、明治維新を推進していく「薩《さっ》長《ちょう》土《ど》肥《ひ》」は、薩摩藩、長州藩、土佐藩、肥前藩だけど、この肥前藩というのは佐賀藩のことなんだよ。

当時は、地図や気象観測の資料を国外に持ち出すと、そんなに大騒ぎになるんだね。

今はGoogleなどですぐに調べられるのにね。

国と国との戦いになったとき、相手の国の地形や、気象の特徴を把握していると、戦略上、非常に有利なんだ。逆にそれを知られてしまうと、とても不利になってしまう。鎌倉時代のモンゴル襲来でも、「どのあたり、どの時期に、台風が来る」ということをモンゴル軍が把握できていなかったことが、日本にとって有利になったよね。

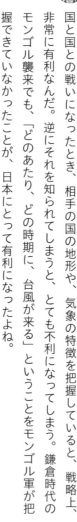

日本全国を歩いて、何十年もかけて日本地図をつくった人がいたよね。シーボルトが持ち出そうとした日本地図というのは、その人の地図？

ああ。伊能忠敬《いのうただたか》の『大日本沿海輿地全図《だいにほんえんかいよちぜんず》』だ。ちょうどこの数年前に完成した。忠敬は地図の完成前に亡くなっているので、正確には、その遺志を継いだ高橋景保たちが完成させたのだけどね。高橋がシーボルトへ渡したのは、これを模写した縮小版だ。

シーボルトによる膨大な禁制品の持ち出しが発覚すると、これに関与したとみなされた高橋ら55人が投獄された。その3年前に幕府は「異国船打払令《いこくせんうちはらいれい》」（※）を発していて、外国人の行動には幕府がとてもピリピリしていた時期だったんだ。

シーボルトは連日、取り調べを受けたけれど、残りの重要品は、オランダ商館長の金庫や、シーボルトがつくった植物園内の猿の檻などに隠し、のらりくらりとごまかした。

※1825年に江戸幕府が発した外国船追放令。日本の沿岸に近づく外国船は、見つけ次第、砲撃し、上陸しようとする外国人は逮捕または打ち殺すことを命じた

すごいところに隠すね。というか、猿を飼っていたのか。

ニホンザルや日本犬、オオサンショウウオを生きたまま持ち帰っているほどだからね。

数カ月後、シーボルトの処罰の内容が決定し、シーボルトが保管している品物はすべて没収、シーボルトは国外追放とし、今後の来日を禁止することが、長崎奉行から言い渡された。シーボルトは教え子たちに別れを告げ、オランダへ帰国していった。

帰国後、シーボルトはオランダ政府より、日本から持ち帰った膨大な量の資料や動植物の標本に対して謝礼が支払われ、勲章《くんしょう》や爵位《しゃくい》を与えられた。さらに「日本博物館」を開設し、

『日本《ニッポン》』『日本植物誌《にほんしょくぶつし》』『日本動物誌《にほんどうぶつし》』といった本を書いて、日本の風土や文化をヨーロッパに広めた。「日本学の祖」として、シーボルトの名声は高まっていったんだ。

何だかんだでけっこう持ち帰っているんだね。しかも英雄扱いされている。

一方、投獄された高橋らは獄中で亡くなり、高橋の子も島流しとなった。

え、何だか双方のその後に差がありすぎて、納得いかないな。結局、シーボルトはスパイだったの？

医師として来日したけれど、日本の風土や歴史、政治、制度などを調査する諜報活動も含めた来日だったといわれている。シーボルトの塾の教え子たちには、免状、つまり修了証書を渡す条件として、日本の政治や経済、習慣、産業など、シーボルトが知りたいことを調べて文書にまとめさせた。大学生が卒業するときに提出する卒業論文みたいなものだね。外国人は行動を制限されていて日本国内を移動できないので、教え子たちに調査させたわけだ。

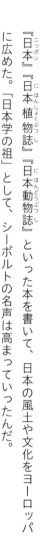

なるほど、考えたね。

その一方で、日本人から信用を得るという意味合いもあったかもしれないけれど、最新の医療技術や西洋文化を日本人に教えたし、日本の文化や風土に魅せられてのめり込んでいったのも事実だ。

シーボルト事件では「自分は今後、日本から出られなくてもいいから、日本の友人たちを何とか助けてほしい」と懇願もしている。また、日本から追放された後、アメリカの東インド艦隊の司令官であるペリーが日本遠征の準備をしているとき、シーボルトはペリーに、日本人をなめてはいけない、日本に対して早急な行動、つまり軍事行動は行うべきではない、と要請している。蒸気船は当時、最先端の武器でもあった。この巨大な武器で海軍を編成したペリーは、メキシコとの戦争で活躍し、「蒸気船海軍の父」と呼ばれていた。そのため、ペリーが日本を攻めるのではないかと心配したんだろうね。

けっこう日本のことを気にかけてくれているんだね。

出世欲と日本への好奇心、どちらも満たすには、諜報活動というのは自身にとっても都合が良かったのかもしれないね。日本にいるうちに、友人ができ、家族ができ、日本の風土や自然を愛するようになったのだろう。

謎めいていて、人間的でもあり、何だか不思議な魅力を持つ人だったんだろうね。

それにしてもシーボルトとペリーって、交流があったのか。

アメリカは日本へ行くことを、オランダに事前に知らせていたからね。それに、ペリーは日本を開国させるため、熱心に日本の研究をしていて、シーボルトやケンペルが書いた、日本に関する本も熟読していたんだ。

暴風雨による軍艦沈没で一念発起！フランスの執念
天気図を描きまくって近代的な天気予報を開始

おじさんさっき、アメリカが太平洋の航路を開拓し始め、その補給地として日本に目をつけたって言ってたよね。なぜ、開国を最初に迫ったのが、オランダやイギリスなどヨーロッパの国々ではなく、アメリカだったの？

良いところに気づいたね。この頃、ヨーロッパでは、クリミア半島（※）を主戦場とした「クリミア戦争」が行われていた。クリミア戦争の勃発は１８５３年10月で、日本にペリーが来たのは同年7月と、ペリー来航は正確にはクリミア戦争が始まる少し前だけれど、戦争が始まる前からヨーロッパには不穏な空気が漂っていたんだ。

　ロシアとオスマン帝国との戦争に、オスマン帝国を支持するイギリスやフランスなどの連合軍が加わり、さらにそれぞれに応援する国がついて、ヨーロッパ中を巻き込む大戦争と

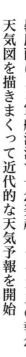

なってしまった。
ヨーロッパが戦争で忙殺されているすきに、戦いに参加していなかったアメリカはどんどん開拓を進め、太平洋にまで出てくることができた。

※ウクライナ南部、黒海の北岸から南に突き出た大きな半島。2014年にロシアが一方的に併合し、ウクライナとロシアの緊張関係が急速に高まった

だからアメリカは、一番最初に日本と条約を結ぶことができたんだね。

1854年、日本とアメリカは「日米和親条約《にちべいわしんじょうやく》」を締結し、日本は開国することになる。ここから、日本とアメリカの、現代までの数奇な関係が続いていくんだ。

外交の常識で「最恵国待遇」というのがある。一番最初に条約を結んだ国に対して、以降に条約を結んだ国は、その権利を侵してはならないという国際条約の鉄則で、アメリカは日本に対して大きな優先権を持つようになった。

日米和親条約について交渉していた時は、アメリカは日本を貿易対象としてあまり重視していなかった。そのため、あらためて1858年6月、貿易に関する条約「日米修好通商《にちべいしゅうこうつうしょう》条約《じょうやく》」を締結。これを基本としながら、オランダ、ロシア、イギリス、フランスとの条約締結が進むこととなる。日本とオランダの関係も改善した。

ということは、シーボルトも日本に再び来れるようになったってこと？

そう。シーボルトの国外追放処分は解かれ、30年ぶりに来日した。昔の教え子や自分の娘と再会し、そのまま4年間、日本に滞在。相変わらず日本の自然や政治、風俗、習慣などの研究を続けた。一時帰国した後も日本への再渡航を望んだのだけれど、オランダ政府の許可が下りず、ドイツで70年の生涯を終えた。

30年かかったけれど、再会できてよかった。活動は怪しかったけれどね。

ヨーロッパ中を巻き込んでいたクリミア戦争はその後、どうなったの？

１８５６年、ロシア側の敗北で戦争は終結したけれど、連合軍側の戦死者7万人、ロシア側の戦死者13万人と、両軍に甚大な被害をもたらす結果となってしまったんだ。

　クリミア戦争の影響は、さまざまな分野に波及した。例えば、戦争に従軍していたイギリスの看護婦のナイチンゲールは、傷病兵を献身的に看護し、統計を用いて効果的な治療法を提言。看護婦の名誉と社会的地位を高めた。これをきっかけに世界で赤十字（※）運動の機運が高まっていく。

　また、敗北したロシアは、国内改革を行って近代化を進め、東アジア方面に領土を拡大する方針に切り替えることになる。とにかくロシアの拡大を阻止したいイギリスは、日本を防波堤として利用しようと、日本との関係構築に乗り出す。そして列強に仲間入りしたい日本との思惑が一致し、１９０２年に日英同盟を締結した。

※戦時に傷病兵を救護する目的で設立された国際組織。現在では災害救護・病院経営・衛生思想の普及なども行う

その後の日露戦争へとつながっていくんだね……。

そして、世界の天気予報の歴史も変えた。クリミア戦争が激化する中、１８５４年11月14日、イギリスとフランスの連合艦隊は、天候の変わりやすい黒海で猛烈な嵐に遭遇し、フランスの艦隊は全滅。最新鋭の軍艦を沈没させるという大損害を被ってしまった。

「嵐がくることが事前にわかっていれば……」とフランス政府はとても悔やみ、この教訓を役立てようと、「11月12～16日までの、あなたの地域の気象情報を知らせてください」と、ヨーロッパ各地の観測所や気象学者などから、当時の気象記録を取り寄せまくった。時系列順にヨーロッパの地図にその記録を書き込んでみると、天気が動いてくること、そして、今回の嵐がどこで生まれて、どのように移動してきたのかが、わかってきたんだ。

嵐が発生しても、各地からこうやって迅速に情報を集めて図にすることで、嵐の行き先や到達時間のおおよその予測ができるのではないか――。「天気を図にすること」の重要性に気づいた瞬間だ。

おお！

その後、フランス政府は、これを毎日作成して研究を進め、「**天気図**」が完成。

１８５６年７月からは、ヨーロッパを中心とした約30地点の気象報告を毎日行うようになった。そして１８６３年８月、一般の人たちに向けて天気図を刊行し、暴風警報を発した。「嵐が来るかもしれないのでご注意ください」ってね。これが**近代的な天気予報の始まり**とされる。その後、急速に世界中の天気予報が発展していったんだ。

天気図はそれ以前にはまだなかったの？

天気図の原型はすでにその数十年前から存在していたよ。１８２０年、ドイツの天文学者のブランデスが、過去の気象観測の記録を使って天気を図で示したのが最初といわれている。西ヨーロッパ全域と範囲が広かったので、つくるのにとても苦労したみたいだけれど、「**広範囲で気象を見る**」という考え方は、その後の天気予報に大きな影響を与えたんだ。

その後も、学者や探検家が個人で天気図をつくったりしたけれど、国としてその重要性にいち早く気づき、国家プロジェクトとして天気図を作成し、近代的な天気予報を開始した最初の国は、フランスだったんだ。そしてそのきっかけが「防災」だった。

大雪の日は大老は外出を控えましょう
桜田門外の変と「武士の世」の終焉

日米修好通商条約の締結後、日本は一気に時代が進むことになる。

もともと、アメリカ側の全権、タウンゼント・ハリスがこの条約の調印を日本に迫ってきたとき、大老（※）の井伊直弼《いいなおすけ》は、現場でハリスと交渉にあたっていた、日本側の全権の岩《いわ》瀬《せ》忠震《ただなり》と井上清直《いのうえきよなお》に、「天皇の許しを得ないうちは、条約に調印すべきではない」「許しを得るまではできる限り、調印を延期せよ」と命じていた。

でも、岩瀬と井上は、それまで散々、交渉を重ねてきていて、これ以上の延期は難しいと感じていた。さらに、アヘン戦争に勝利したイギリスなどのヨーロッパ勢が、その勢いで日本にやってきて無理難題を突きつけてくるかもしれない。そのため、2人は何としてもアメリカとの条約締結を早期に実現したかった。アメリカはもともとはイギリスの植民地で、イギリスのやり方に反発して独立したため、ヨーロッパの国々のような、アヘンや武力を使って植民地化を進める国よりも、まだ信用できると思ったのだろう。

※江戸幕府における将軍の補佐役で、非常時にのみ、老中の上に置かれる最高職

井伊が独断で調印した印象だったけれど、真相は少し違うんだね。

井上は、「もし、やるだけやって交渉が行き詰まり、それ以上の延期が難しければ、調印はやむを得ないでしょうか」と尋ねると、井伊は「そのときは致し方ないが、できるだけ延期に努めなさい」と答えた。

交渉が決裂すれば、ハリスは幕府を差し置いて、京都へ向かい、朝廷と直接交渉をするかもしれない。それどころか、武力を使ってくるかもしれない。井伊は、交渉決裂だけは起こしてはいけないと思い、そのように伝えた。でも、この「致し方ない」という発言を、2人は調印の言質を得たと捉え、次のハリスとの交渉で条約に調印してしまったんだ。

後ろ向きなニュアンスの発言を、「調印の許可を得ることができた」と、無理やりポジティブに捉えたんだね。キレものだなあ。度胸もすごい。

それだけ岩瀬と井上も、追い詰められていたんだろうね。条約が締結されると国内は大騒ぎとなり、幕府内部からも「朝廷の許しを得ずに外国と条約を締結するとは何事か！」と、井伊の一味に非難が殺到した。そもそも「鎖国」のときには、朝廷の許可うんぬんは問題になっていなかったのにね。

井伊は、どちらかというと、朝廷からきちんと許可を得ようとしていたのに。

これには、水戸藩の有力者、徳川斉昭《とくがわなりあき》との、将軍の跡継ぎを巡る対立など、幕府内の権力争いが複雑に絡んでいて、もともと井伊をよく思っていなかった人たちにとって、格好の攻撃の材料となってしまったんだ。井伊は、条約締結は日本を守るために不可欠だったことを丁寧に説明して回ったけれど、混乱は増すばかり。京都でも「朝廷を軽んじた幕府を許すな！」と、大勢の志士たちが集まってきて、朝廷と幕府の緊張関係が切迫した。

何かどんどん、悪いほうへ進んでいく……。

そしてついに、天皇までもが、井伊たちを批判し、徳川斉昭を擁護する密勅《みっちょく》を発するという大事《おおごと》になってしまった。井伊はこれを知ると、この混乱は、斉昭らが首謀して引き起こしているに違いない、天皇まで動かすとは何てやつだと、斉昭らを処分。さらに、尊王攘《そんのうじょう》夷《い》派に対し、「幕府の政治に支障をもたらしている」と次々と捕らえ、厳しく処罰した。

　この大規模な弾圧は、「安政《あんせい》の大獄《たいごく》」と呼ばれる。吉田松陰や橋本《はしもと》左内《さない》といった、先進的な思想を持つ教育者たちも死罪となり、これに激怒した若い弟子たちは志士として立ち上がり、明治維新の原動力となっていく。

井伊という人、急に怖い人へと変貌したね。

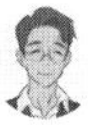

こうした記録は、処分を受けた側、つまり、のちの新政府サイドによって書かれたものが多い。明治時代の歴史教科書は井伊を悪者として描き、昭和になって文部省によって編纂され

た『維新史』も、そのような考え方を基調としている。倒された側の視点というものはかき消されてしまうので、本当に井伊が独断専行で行った弾圧かは怪しいところだ。そもそも、幕府の政治体制として、老中たちが合意して決定したことを、大老が覆すということはほぼ起こり得ない。井伊は実は「尊王攘夷派を壊滅せよ！」というほどの強い目的は持っておらず、純粋に、幕政の秩序を重んじ、幕閣が決定したことを揺るぎなく遂行することこそが、幕府の威厳を保ち、外国から日本を守ることになるはずだ、そのようなスタンスだったのではないかと考察する人たちもいる。

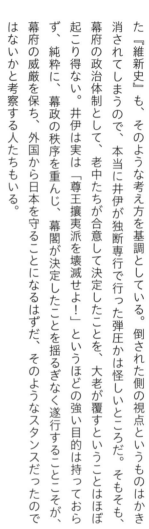

ただ、世の中の人たちの怒りの矛先は、当然、幕府のトップへ向けられた。１８６０年３月３日、井伊は尊王攘夷派の水戸浪士たちに暗殺されてしまう。「桜田門外の変」だ。

桜田門外ってどこのこと？

桜田門は江戸城の内堀に造られた門で、この門の外側ってことだね。現代でいうと、東京都千代田区の霞が関付近で、向かいには警視庁の本部がある。そのため、警視庁本部は業界用語で「桜田門」と呼ばれたりするよ。

事件当日の朝、午前9時頃、井伊は江戸城へ登城するため、駕籠《かご》に乗って総勢60人ほどで彦根藩邸の門を出発。雪を踏みながら内堀通り沿いを４００メートルほど進み、桜田門の前にさしかかった。昨夜から続く雪が静かに降っていて、江戸の町は一面、雪化粧だった。雪は5センチメートル以上積もっていたという。
そんな中、列を見物していた1人が、訴状を手に「差し上げまする！」と叫んで井伊の駕籠に近づくと、かぶっていた笠を投げ捨て、刀を抜いて斬りかかってきた。

こわ。

供頭《ともがしら》（※）を務めていた日下部三郎右衛門《くさかべさぶろうえもん》は、即座に刀で防ごうとした。しかし、刀の柄《つか》と鞘《さや》には、雪を防ぐための革袋が厳重にかぶせられていて、あまりのとっさのことでこれを外す時間はなく、革袋をつけたまま応戦。しかし、顔を斬られてその場に倒れ込んだ。

※お供の人たちを束ねる役

護衛のリーダーがいきなりやられてしまった。

すると、周囲で待機していた水戸浪士たちが一斉に刀を抜き、駕籠を目がけて突進してきた。護衛の彦根藩士たちは応戦するが、寒さで手がかじかんでいた上に、やはり刀にかぶせていた革袋や、身につけていた笠や雨合羽《あまがっぱ》によって、思うように戦えない。

井伊は駕籠の中のまま？

駕籠をかつぐ人たちを「駕籠かき」というのだけれど、この人たちは藩士ではなく、雇われた人たちだったので、襲撃に驚いて、井伊が乗る駕籠を地面に置いて去ってしまった。

あらら。さっさと逃げてしまったのか。

井伊は剣の達人だったので、駕籠から出て戦えば何人かを斬り伏せることができたかもしれない。しかし、護衛を信頼していたのか、天命に任せたのか、今となってはわからないけれど、井伊は「駕籠の脇を離れるな！」と言い放ち、駕籠の中で正座をしたままだった。

乱戦の中、襲撃者の1人が駕籠に向かって拳銃を撃ち込むと、これが井伊の腹部を直撃する。拳銃の音を合図にさらに襲撃者は増え、駕籠の回りに押し寄せた。彦根藩随一の剣豪で二刀流の師範役、河西忠左衛門《かさいちゅうざえもん》は、雨合羽を脱ぎ捨て、刀にかぶせていた革袋を即座に外し、二刀流で駕籠の前に立ちはだかる。

おお、何だか強そう！

河西はよく戦い、襲撃者何人かを切り捨てたのだけど、四方から同時に斬り込まれ、その場に倒れてしまう。そして襲撃者たちは、駕籠に向かって次々と刀を突き刺した。

襲撃者の中には、有村次左衛門《ありむらじざえもん》という薩摩藩の人もいて、この有村が駕籠の扉を開け、井伊を雪の上に引きずり出し、首を打ち落とす。「井伊の首をあげたぞ！」と大声で叫ぶと、襲撃犯のうち、歩ける者たちは雪の中を歩いて去って行った。あたり一面の雪が、鮮血で染まっていたという。

壮絶すぎる状況だね……。双方の被害はどのくらいだったの？

彦根藩側は、即死4人、負傷者が9人で、そのうち4人がその後に亡くなっている。水戸浪士側は、討ち死にが1人、その後に自決した人や、傷がもとで亡くなった人が6人、そのほかは、後日に捕らえられ、処刑されたり、自決したりしている。

雪がなければ、井伊は助かった可能性はあるのかな。

どうだろう。水戸浪士側は複数の拳銃を持っていたからね。でも、襲撃に関しては、雪は完全に水戸浪士側に有利に働いたことは間違いない。

　周囲に悟られずに刺客を配置できたのも、笠や合羽で顔や姿を目立たせなくできたおかげだろう。晴れていれば、不自然な人物や不審な動きをする者が視界に入ったら、すぐに反応できただろうけれど、雪によって視界が悪かったので、誰もこれに気づけなかった。

　それに、雪を防ぐために笠や雨合羽を身につけ、刀には柄にも鞘にも革袋を厳重にかぶせている状況で、18人もの刺客が急襲してきたら、これを防ぐのはなかなか難しいだろう。井伊のお供には手練れの藩士も多く、水戸浪士側18人に対し、彦根藩側は60人と、数も3倍近くだったので、雪がなければ相当な激戦となったはずだ。戦いが長引けば、その間に井伊は脱出できたかもしれないし、江戸城からの援軍も間に合ったかもしれない。

当時の3月3日は、今だと1カ月ぐらい後だよね。その頃に雪って珍しいんじゃない？

そう。桜田門外の変が起きた旧暦の3月3日は、現代では3月24日にあたる。気象庁のデータを調べてみたところ、3月20日以降に東京で5センチメートル以上の雪が積もったのは、1961年〜2023年の約60年の間でたった3回だった。当時は今よりも気温が低かったとはいえ、季節外れの大雪だね。

赤穂事件のときは、幕府は厳しい処罰を下し、浅野家も吉良家も家が断絶したよね。今回はどうなったの？

当然、幕府内では大騒ぎになり、彦根藩でも「水戸藩へ仇討ちをかけるべきだ！」との声も上がっていた。主君が殺されて何も思わない武士はいないからね。
　彦根藩士たちの怒りがいつ爆発してもおかしくない状況の中、老中たちは急きょ、対応を協議。悩んだ末に、井伊の死は隠して「正体不明の狼藉者に襲われて負傷した」という形を取ることにした。赤穂事件の時のような大事《おおごと》にはしたくなかったんだね。井伊家の安泰を図り、水戸家にもおとがめなしにする方向で決定したんだ。

赤穂事件の時と比べると、幕府も随分、弱腰になったなあ。

譜代大名（※）筆頭の井伊家と、徳川御三家の水戸徳川家という、幕府を支えてきた30万石以上の大大名同士が武力でぶつかるようなことになれば、規模は赤穂事件をはるかに超えるだけでなく、それこそ日本は内乱に陥るかもしれないからね。

でも当然、うわさはすぐに全国に広まった。幕府の最高権力者が、幕府の本拠である江戸城近くで、一介の浪士たちに討ち取られた——。身分制度が厳格だった当時において、これはとても衝撃的な事件だった。桜田門外の変は、幕府の権威を大きく失墜させ、薩摩藩や長州藩などの外様《とざま》大名や、政治に不満を持つ身分の低い藩士、そして坂本龍馬《さかもとりょうま》などの浪人が、譜代大名や身分の高い藩士たちを押しのけて、政局の表舞台に出てくるようになる。季節外れの大雪が溶け、新しい時代がやって来たんだ。

1866年1月、龍馬や中岡慎太郎《なかおかしんたろう》の仲介などもあって、幕府と対立していた長州藩と、大きな勢力を持つ薩摩藩がタッグを組んだ「薩長同盟《さっちょうどうめい》」が成立。世の中の流れは一気に「倒幕」へと傾いていく。なお、彦根藩は、桜田門外の変をきっかけに次第に徳川幕府から心が離れ、のちに新政府軍に味方することになる。

※譜代大名は、関ヶ原の戦い以前から徳川家に仕えていた家臣が、その後、大名に取り立てられた家柄。それに対し外様大名は、関ヶ原の戦い以降に徳川家に従った大名

明治維新が本格化していくんだね。

その年の12月、幕府の難局を乗り越えるべく、一橋慶喜《ひとつばしよしのぶ》が徳川15代将軍となる。江戸幕府最後の将軍だ。
　慶喜は急いで幕政の立て直しに取り組むけれど、世の中の変化の流れはあまりに早かった。薩長と徳川幕府が全力で武力衝突すると、日本は戦乱の世に逆行しかねない。日本は勢力が二分され、幕府もすべての藩も疲弊し、日本は荒れ果てるだろう。虎視眈々と日本を狙う外国勢は、確実にそこにつけ込んでくるはずだ。賢明な慶喜はそのことをわかっていたので、自分の代で江戸幕府を閉じることを決断する。
　薩長も、水運や水道が整備され、高度に発達したこの都市を手に入れたかったので、全面戦争は避けたい。そのため慶喜の決断を受け入れる。結果、江戸は火の海とならずに済んだ。

徳川家康が行った都市づくりが、最後に江戸の街を救ったんだね。

1867年に大政奉還《たいせいほうかん》、つまり、幕府が持っていた「政治を行う権力」を、朝廷へ返した。鎌倉時代から続いた、武士が日本を統治する世は、ここに終焉を迎えることになる。1853年のペリー来航以降、たった15年ほどで、日本の状況は目まぐるしく変化した。

「尊王攘夷」って、天皇を敬《うやま》い、外国人を追い払えって考えだよね。尊王攘夷を掲げていた

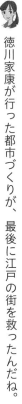

薩長たちは、幕府を倒した後、攘夷という考えはどうしたの？

攘夷思想はあっさりやめて、開国を推進していったよ。

それなら、各国と条約を結んだ幕府の人たちと、考えは一致していたんじゃない？

薩長は、攘夷を突き進めた結果、「下関《しものせき》戦争」や「薩英《さつえい》戦争」で外国と戦うこととなり、結果、外国勢力の強さを思い知った。それによって藩内の先進的な人たちは、「これは攘夷とかいっているると日本はあやういな」と思い始めていた。とはいえ、古い体制の象徴である江戸幕府を倒すことをまずは優先する。倒幕を成し遂げ、いざ実際に国の政治を担う立場になると、「世界の中で日本が生き延びるためには、やはり外国との付き合いは不可欠だよね」と方向転換したんだ。「国際社会」を意識し始めたんだね。

今の日本は明治新政府ができてから約１６０年、戦後の体制となってからはまだ80年も経っていないので、江戸幕府という同じ政治体制で２６０年以上も続いたのはすごいことだ。でも、必ず新しい時代は来る。

POINT!

「防災」をきっかけに、近代的な天気予報が始まった。重要なのは、連続した記録、組織的な観測、各国との連携。

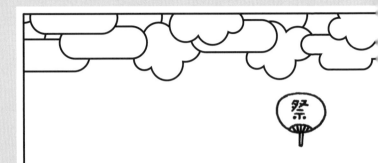

第5章

夏の余韻のナイアガラ熟議

開始から約1時間、ひっきりなしに打ち上げ花火が続いた。

「そろそろクライマックスかな」

ちらりと時計を見てミナカタが言った。

30秒ほどの静寂の後、これまで以上に花火が連続して打ち上がる。周囲が山に囲まれているため、花火の音が次々と重なり、轟音となって山に鳴り響く。大迫力だ。

打ち上げが終わり、あたりが暗闇に包まれる。そうだ、ここは山の中だった。普段はこんなにも暗いのか。メグルとワタルがそう思った瞬間、湖を横切るように張られた全長約500メートルの花火が出現し、湖に向かって静かに降り注ぐ。花火大会のフィナーレ、「ナイアガラの滝」だ。花火の光が湖面に映えて美しい。まるで滝壺の水しぶきのように、花火の煙が湖を伝《つた》い、幻想的な雰囲気に包まれた。会場から大きな拍手が沸き起こる。

「きれいだった〜!」

メグルが余韻にひたりながら言った。ワタルも興奮が収まらない。

「こんなに間近で花火を観たのは初めてだったな。迫力がやばかった」

2人が心底楽しんでくれたようで、ミナカタは満足している。

「さて、駅までは大混雑だな。人の波が落ち着くのを少し待とうか」

「何か食べながらね」

ワタルは、まだまだ屋台を巡りたそうだ。

文明開化！ついに日本で正式に気象観測が始まる
天気予報で日本人の意識改革を図った福沢諭吉

江戸時代が終わり、明治時代が始まると、欧米の技術が日本にどっと入ってくる。水上交通の技術が向上し、人や物が各地を行き交い、船の往来はますます活発化した。でも同時に、嵐による海難事故も多発するようになった。

関係者たちが悩んでいたところ、お雇い外国人（※）から「なぜ、嵐が来ることを、前もって電報で知らせてもらわないの？」と指摘され、外国はそのような仕組みがあるのかと知り、明治政府に「国として、暴風警報の仕組みをきちんとつくってほしい」と訴え出た。

※幕末から明治前期、欧米の学問・技術・産業・政治制度などを急速に取り入れるため政府が雇った外国人（『大辞林 第四版』より）

そりゃそうだ。早くやってあげてほしいよ。

政府は、イギリスから気象用の観測器を購入し、東京赤坂の内務省に設置して、1875年6月1日から**気象観測を開始**した。この組織はその後「東京気象台」と呼ばれるようになる。現在の「気象庁」のルーツとなる組織だ。この日はのちに「気象記念日」となり、また、気象庁の創立記念日にもなる。

ついに日本でも、政府による「組織的な観測」が始まったんだね。

そして1883年2月16日、東京気象台で**日本初の天気図**がつくられ、翌月の3月1日から毎日、発行された。クリミア戦争で嵐に遭遇したのをきっかけにフランスが天気図を発行したのが1863年だったから、日本で刊行されるようになったのはちょうどその20年後だ。日本でも気象観測の進展を後押ししたのは、やはり「防災」だった。

　そして同年5月26日、**日本で初めて「暴風警報」が発せられる。**翌1884年の6月1日からは、毎日3回、全国の天気予報が発表された。これが**日本で最初の天気予報**だ。東京市内の交番に掲示されたらしい。

一番最初に発表された天気予報はどういう内容だったの？

「全国的に風の向きは定まらず、天気は変わりやすい。雨が降りがちである」だよ。

全国の天気をその一文だけ？　ずいぶん大ざっぱな予報だったんだなあ。

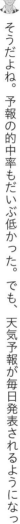

そうだよね。予報の的中率もだいぶ低かった。でも、天気予報が毎日発表されるようになったことは、とても画期的なことだったんだ。

　1887年には東京気象台は「中央気象台」と名前を変えて、より天気予報に力を入れる

ようになっていく。一方、各新聞社に「新聞に天気予報を載せないか」と打診したところ、ことごとく断られてしまった。でも、福沢諭吉《ふくざわゆきち》が主宰する慶應義塾の日刊紙「時事新報《じじしんぽう》」だけは、いち早くこれに応じた。

今では新聞に天気予報が載っているのは当たり前なのに、当時はどの新聞社も興味なかったんだね。なぜその新聞は載せることにしたの？

福沢は、「米の相場もわかるようになるし、航海が安全にできるようになる。それどころか、人々が日本全国の天気のことを考えるようになれば、自分の周囲しか見ていない視野の狭い日本人の国民性にも徐々に変化が出てくるはずだ」と述べている。

天気予報が、経済や防災のみならず、日本人の意識改革にも役立つと考えたんだね。

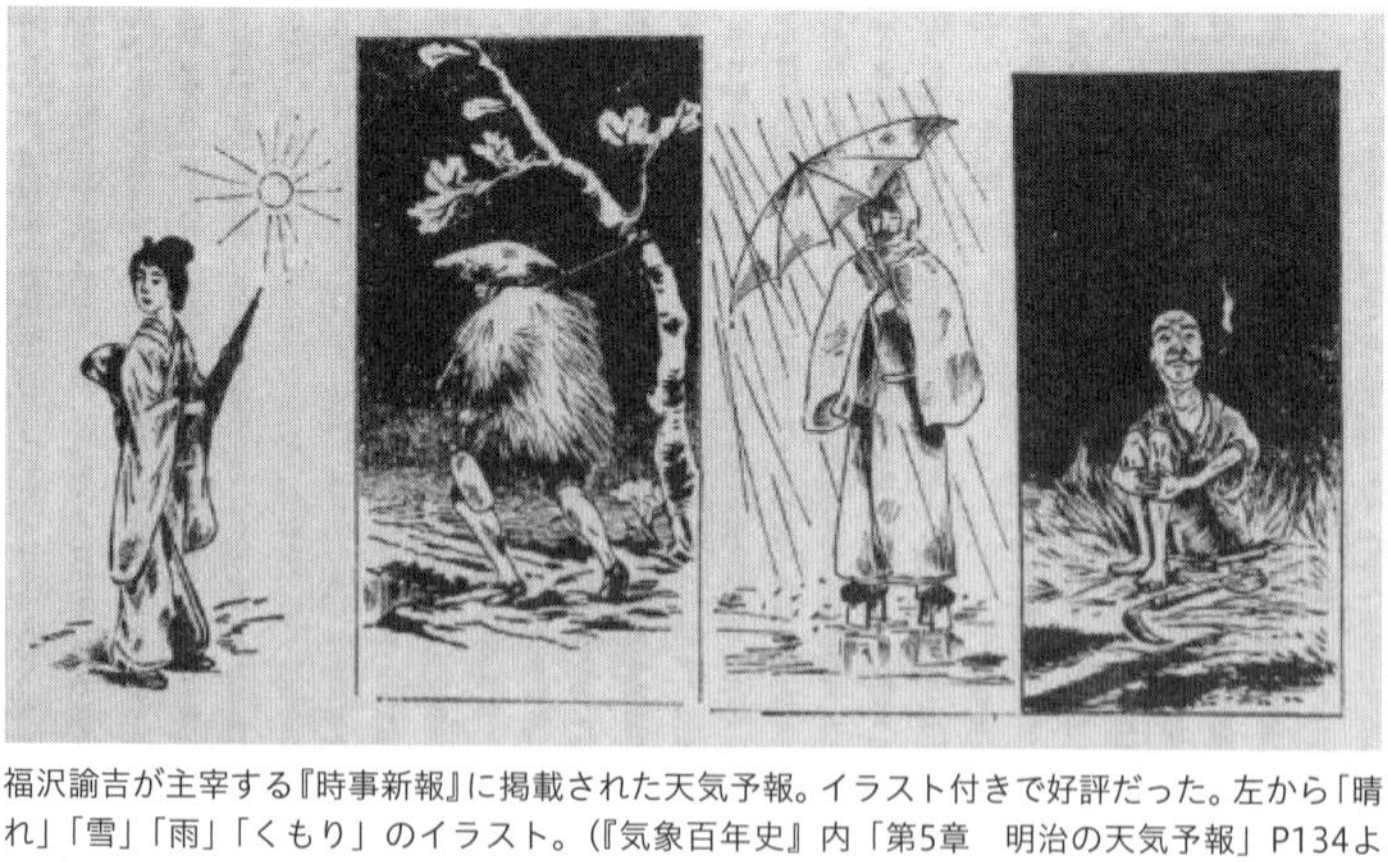

福沢諭吉が主宰する『時事新報』に掲載された天気予報。イラスト付きで好評だった。左から「晴れ」「雪」「雨」「くもり」のイラスト。（『気象百年史』内「第5章　明治の天気予報」P134より／国立国会図書館）

時事新報のイラスト付きの天気予報は世間から大評判で、ほかの新聞も次々と掲載し出した。そしてラジオでも放送されるようになる。

天気予報を多くの人が利用する時代が始まったんだね。

「本日天気晴朗なれども波高し」波に揺られながらもロシア主力艦隊を壊滅できた理由

日本はこの後、日清戦争（※）、日露戦争と、戦争の時代に突入していくのだけれど、戦争において、天気予報は重要な役割を果たした。有名なのが、日露戦争における最大の海戦となった1905年の「日本海海戦」だ。

日本とロシア間で戦争が起こる可能性が現実味を帯びてくると、中央気象台は正確な天気予報を行うため、人員の増員や、観測所の増設を行い、体制を整えていった。

そして戦争が始まり、陸でも海でも激戦が続く。開戦から1年3カ月が過ぎた頃、日本とロシアの決戦に向けて、ロシアの主力艦隊であるバルチック艦隊がバルト海を出発。日露戦争の舞台である極東《きょくとう》、つまり、アジアの東部へ向かってきた。バルチック艦隊というのは、「バルト海の艦隊」という意味だよ。

※日清戦争は１８９４年〜１８９５年、日露戦争は１９０４年〜１９０５年。日本海海戦は１９０５年5月27日〜28日にかけて行われた

北欧にバルト三国ってあるよね。そのバルト海？　なぜそんなに遠いところにロシアの主力艦隊があったの？

バルト海というのはさまざまな国が面していて、ロシアにとっては西ヨーロッパへ出るための玄関口としてとても重要な海だったんだ。そのためここに主力艦隊をおいていた。この艦隊が来てしまうと、ロシア軍は大幅に戦力がアップし、日本海の制海権を取られてしまう。満州（※）に駐在していた日本軍は、本国からの補給路が絶たれてしまい、全滅は免《まぬが》れない。

　そのことが目に見えているため、日本としては、このバルチック艦隊が極東でロシア軍と合流し、万全な態勢を整える前に、何としても殲滅しなければいけなかった。それができなければ、国家滅亡の危機にさらされることになる。

※現在の中国東北地方〜ロシア沿海地方

それ聞いたら何だか緊張してきたよ。

１９０５年5月27日、中央気象台は「対馬海峡のあたりは天気は晴れるが、等圧線の間隔が狭いので風は強く、そのために波も高いだろう」と予報し、「**天気晴朗ナルモ波高カルヘシ**」

という電文を大本営（※）へ送った。そして大本営はこの予報文を、連合艦隊司令長官の東《とう》郷平八郎《ごうへいはちろう》へ転送した。

東郷はその日、バルチック艦隊が対馬海峡へ向かっているという情報をつかみ、これを迎え撃つべく、艦隊を出動させていた。その際に、大本営へ、この予報と暗号をもじった文を組み合わせた電文を送って、そのことを知らせた。スマホでこの電文を検索してごらん。

※戦争時に設置される、すべての軍を統帥するための天皇直属の最高機関のこと

「アテヨイカヌ　ミユトノケイホウニセッシ　ノレツヲハイ　ハタダチニ　ヨシス　コレヲワケフウメル　セントス　ホンジツテンキセイロウナレドモナミタカシ」……？　意味が全然わからないなあ。最後に天気予報の文が入っていたことはわかったけれど。

「ロシアの主力艦隊が、対馬へ迫っているという情報が入りました。われわれはすぐに出動し、決戦します。（教えてくれた）『晴れだけど、風が強くて、波が高い』という気象条件は、こちらにとって有利なので、必ず勝利するでしょう。本土にいる皆さんはどうか安心してください」ということを伝えたんだ。

現地の天気は実際、この通りで、日本の連合艦隊の勝利に大きく貢献したといわれている。この「本日天気晴朗なれども波高し」という文は、参謀の秋山真之《あきやまさねゆき》という人が加えたもので、短くリズミカルなことばで戦況報告をした名文といわれている。

風が強くて波が高いと、なぜ日本軍に有利なの？

波が高いと船が揺れるので、砲撃の命中率は下がる。巨砲を積んだバルチック艦隊に対し、日本側の連合艦隊は、波の高い日本海の特性を踏まえ、連射砲の技術を磨き、命中率を上げる訓練に力を入れていたんだ。そのため、晴れで見渡しさえ良ければ、波が高くても連射で命中させる自信があった。

なるほど。そう考えると、晴れなのに波が高いという条件は、日本側にとって有利だね。

さらに、海上の風の動きもよく読んでいた。逃げ回るバルチック艦隊の風上につねに回り込み、艦隊のフォメーションを維持しながら、砲撃を加え続けたんだ。この戦いで沈没した船は日本が3隻、ロシアが19隻と、日本は圧勝し、主力艦隊を失ったロシアは戦争継続を断念。１９０５年、戦争は終結した。

開国して数十年で、よくそこまで強い海軍をつくれたね。

イギリスのアームストロング社で主力艦隊の多くを建造してもらうと同時に、技術者をイギリスに派遣して建造技術も学んでいた。さらに、徹底的な訓練によって腕に自信を持ち、海軍の士気はとても高かったようだ。一方のロシアは、バルト海からの長旅で疲労がたまって

いた上に、ろくに練習もできていなかった。

アメリカの「ニューヨーク・タイムズ」やイギリスの「タイムズ」など、世界各国の新聞はこのニュースを一面で取り上げた。植民地を持っていないような極東のアジアの島国が、大国ロシアに勝利したことに、多くの国が驚いたんだ。

当時は、白人による、有色人種への差別が当たり前だったので、欧米列強に植民地にされていた国の人々や、差別・虐待されてきた人々は、相当な衝撃を受けた。

インド独立運動の指導者でのちにインドの初代首相になったジャワハルラール・ネルーは、「インド独立のために戦おうと決意した契機になった」と述べ、中国で辛亥《しんがい》革命を起こした孫文《そんぶん》も、このニュースは自身にとって非常に大きなニュースだった、この出来事が、アジアのみならず、エジプトやトルコ、アフガニスタンなどの独立運動を刺激したと、述懐している。インドや中国、ベトナム、ビルマなどから多くの留学生も来日した。

でも列強からすると、「植民地経営を邪魔しやがって」とならない?

そうなんだ。日露戦争の勝利で日本は東アジアでの影響力が強まり、国際的地位が一気に向上した。各国との不平等条約もようやく改正され、列強の仲間入りを果たした。同時にそれは、「私たちは強いんだ。『一等国』だ」「いざとなったら神風が吹くんだ」という国内の慢心と、「日本は危険だ」と列強からの警戒をもたらすことになる。太平洋戦争(※)が始まる

のはその36年後だ。

※「太平洋戦争」はアメリカ側が用いた呼び名で、アジアも戦場であったことから近年、「アジア・太平洋戦争」と呼ばれることも多い。また、当時の日本はこの戦争を「大東亜戦争」と呼んでいた。太平洋戦争開戦後、ドイツとイタリアもアメリカに宣戦布告をしたため、太平洋戦争は「第二次世界大戦」の一部を担うことになる

東京はなぜ火の海と化したのか？
地震と台風が絡み合って起きた自然現象の「負の連鎖」

日露戦争が終わり、日中戦争が始まるまでの30数年、日本につかの間の平和が訪れるかのように思えた。しかし、１９２３年9月1日午前11時58分、関東大震災が起きてしまう。

たくさんの人が犠牲になった、東京で起きた大地震だよね。

東京での死者があまりに多かったので、東京の地震という印象が強くなってしまったけれど、実際の震源は神奈川なんだ。マグニチュード７・９の地震と推定され、神奈川県を中心に、千葉県、東京都、山梨県、静岡県、埼玉県と、広い範囲で震度6強〜7を観測。約37万棟もの家などが崩れたり、燃えたりと、関東を中心に未曽有の被害をもたらした。

　驚くべきは、死者や行方不明者約10万５０００人のうち、その9割に当たる約9万人が、焼死だったことだ。

え、9万人も？

お昼どきだったので、各家庭の台所などから出火し、それが瞬く間に広まってしまった。特に下町は被害が甚大で、東京の本所区《ほんじょく》横網町《よこあみちょう》に、被服廠跡地《ひふくしょうあとち》（※）という広い空き地があったのだけど、ここに避難してきた大勢の人が四方を炎に囲まれて逃げ場を失い、約4万人が亡くなったという。

地震の揺れで、電話や火災報知器のほとんどが破損し、水道が断水したことで消火活動もほとんどできなくなってしまった。家から家へと火が燃え広がっていく状況を目の当たりにしながらも、人々は対処する手段が何もなかったんだ。

※「被服廠」とは、軍帽や軍服など、兵隊の身の回り品を製造したり保管したりする機関。陸軍の被服廠は、現在の墨田区南部にあったが、1919年に赤羽へ移転。その跡地が広大な空き地となっていた

江戸時代から、江戸の町は何度も火事が起こっていたんだよね。東京になってからも、防災意識や備えはちゃんとしてそうだけど……。

たしかに、「火事とけんかは江戸の華《はな》」といわれるほど火事は多かったし、明治維新以降は、「東京防火令」「都市計画法」「市街地建築物法」などの公布もあり、防火を意識した街づくりが行われていたので、大規模な火災は減っていた。また、当時の警視庁には、最新の消防技術を持つ消防部も組織されていた。

一方、震源に近い神奈川県横浜市は、地震による被害こそ大きかったけれど、火事に関しては、比較的早い段階で燃え広がるのを防ぐことに成功している。

なぜ東京はそんなに被害が拡大してしまったの？

その日の気象が大きく関係しているんだ。火災に「**飛《と》び火《ひ》**」と「**火災旋風《かさいせんぷう》**」という気象条件が加わったことで、東京は火の海となってしまった。

飛び火と火災旋風？

記録によると、出火点は全部で１３４ヵ所。このうち57ヵ所はすぐに消し止めることができたのだけど、残りの77ヵ所がどんどん燃え広がってしまった。

　火が出た家から隣家へと燃え移っていくのであれば、燃え広がり方はある程度予想ができるので、避難すべき方向も定まってくるよね。でも不思議なことに、出火点から離れた、もともと火がなかった場所で、時間を置いて火災が発生しているんだ。この現象が多発した。

　大量の火の粉が風によって各地へ運ばれ、屋根の瓦の下に入り込んだり、地震によって瓦が崩れてむき出しになった屋根板や、避難者たちが自宅から運び出した家具などに着火したりして、次々と新たな火災を引き起こしたんだ。これが「飛び火」と呼ばれる現象だよ。

火災旋風は？

この日、東京には強い風が吹いていて、つむじ風のようになった風が火を巻き込みながら火柱となり、巨大化してしまったんだ。これが「火災旋風」で、翌9月2日にかけて、東京中を蹂躙《じゅうりん》した。同日の夕方6時頃に火災は落ち着き始め、9月3日午前10時頃にようやく鎮火されたけれど、東京市（※）の実に43・6％が焦土と化した。
　火災旋風から逃れようと、隅田川に飛び込んで命を落とした人も多く、震災から数日後には、下流に多くの水死者が流れ着いたという。

※「東京府」の東部15区（現在の千代田区、中央区、港区、新宿区、文京区、台東区、墨田区、江東区の、全部または一部）を区域として、1889年に「東京市」が設立された。1943年に東京府と統廃合し、「東京都」が発足する

たまたま風が強い日に、関東大震災が起きてしまったのか……。

東京に強い風が吹いていたのは、実は台風の影響なんだ。
　8月30日夜に九州へ上陸した弱い台風が、8月31日には瀬戸内海を通り、東北の三陸地方へ向かっていた。その影響で9月1日は東京に南から風が吹いていた。そして、昼頃に地震が発生。台所などから相次いで出火し、火災は南風に乗って、風下の北へ広がっていく。9月1日の夕方6時頃、台風が東北方面へ移動するに伴い、関東付近を前線（※）が通過。これによって風向きが、南風から北風へと変わってしまうんだ。北へ広がっていた火事が、今

度は、南へ広がっていくこととなった。

※暖かい空気と冷たい空気、あるいは、乾いた空気と湿った空気の境目

逃げる人たちは、どっちへ逃げたらいいか、わからなくなってしまうね。

「うちのほうには何とか火が回ってこなさそうだ」と安心していたら、夕方になって急に自分たちの家に火が迫ってくるのだから、大変な混乱だっただろう。

火災旋風はどうして発生したの？　雨は降っていないけれど風がとても強い日に、火事が多発すると、発生するとか？

当時の記録を見ると、風向きが変わった夕方から夜にかけて、中央気象台があった今の大手町あたりは、約15メートルの風速を観測している。かなり強い風がびゅんびゅん吹いていた。
一方、次の日の9月2日の風速は約5メートル。風というのは場所によってだいぶ変わるので一概には言えないのだけれど、前日ほどの強い風ではなかった。それにもかかわらず、この日も火災旋風が猛威を奮っていた。つまり、強い風でも発生することもあれば、弱い風でも発生することもある。気象や地形などの複雑な条件が絡み合って発生するため、発生のメカニズムは解明できていないんだ。

当時は木造の家が多かった、東京は住宅が密集していた、といったことも関係する？

それもわかっていないんだ。２０１１年の東日本大震災のときも一部で火災旋風が発生したらしいので、現代の建物でも、また、建物が密集していなくても、起こるときは起こってしまう。「現代の私たちには関係のないこと」と決め付けず、「火事が複数発生すればいつでも起こりうる」ということを、頭の中に入れておく必要があるだろうね。

火災旋風が発生したら、止める手段はあるの？

よく、テレビで、学校の運動場などの広い場所でつむじ風が発生し、イベント用テントが吹き飛ばされてしまうシーンが放映されたりするよね。あれが巨大化したものが超高温の火をグルグルとまとい、襲いかかってくるようなものだ。そのあまりの風の勢いに周辺にいた人が吹き飛ばされ、塀に叩きつけられたという記録もあるぐらいだ。当時の新聞に「全市《ぜんし》火の海と化す」「帝都《ていと》は見渡す限り焦土《しょうど》　此世《このよ》ながらの地獄」と書かれているほど、すさまじいものだから、人間にはどうしようもないだろうね。

燃えるものは燃えて、風がやみ、火災旋風が収まるまで、待つしかないってこと？

目撃したら、すぐに、でも落ち着きながら、できるだけ遠くへ避難する。これしかないんじゃないかな。飛び火や火災旋風を防ぐには、当然だけど、何より火を出さないことだ。揺れに気づいたらすぐに火を消す。日頃から家具などの転倒防止策をしておく。万が一、火事が発生したとしても、すぐに消火できるよう、火災警報器の設置や消火器を用意しておく。

消火器なんて、うちにあったかなあ。

消火器がなくて水を使う場合は、石油ストーブや油の入った鍋などに水をかけると、逆に火が勢いづく危険性があるので、注意が必要だよ。その場合は、バスタオルやシーツを濡らして、それを複数枚、出火場所にかぶせる。これで応急処置にはなる。

なるほど。日頃からこうしたことを意識しておくと、地震が起きて火災が発生しても、慌てずに済みそうだね。いや、それでも慌てるか……。

災害に遭遇したら、誰でも慌ててしまうのは当然だ。でも、事前に「こういう事態が起こることがある」と知り、備えておくだけでも、だいぶ違ってくるはずだよ。

関東大震災が起きた日の東京の気象データは、焼けずに残っているの？　それほど大規模な火災だったら、政府や企業が保管している大事な書類とかも燃えてしまいそうだよね。

気象台の本館は焼け落ちてしまったけれど、観測自体は続けていたんだ。

気象庁のＷｅｂサイトに震災時の気象データが掲載されていて、１９２３年9月2日の気温は「46・3度」と観測されている。日本歴代最高気温は、２０１８年と２０２０年に観測された「41・1度」だけれど、この暑さをはるかに超える気温が観測されていた。それはつまり、観測していたすぐそこまで、火の手が迫っていたということだ。

それほどの状況なのに、どうして観測を続けていたの？

気象庁の歴史を網羅した『気象百年史 資料編』（１９７５年刊）によると、中央気象台の観測員は熱風の中、観測原簿、つまり、過去のすべての気象観測が記されたノートの原本を、火の粉のかからない場所へ運び出した。そして、延焼をまぬがれた風力塔に駆け登って観測を続けたという。そのおかげで観測記録が断絶することを避けることができた。さっき話したように、気象観測は１８７５年6月からずっと続いている。もし焼けてしまったら、約50年分の日本の気象データが失われるところだったんだ。

命がけで記録を守ってくれたんだね。

忘れてはいけないのが、関東大震災発生後、国内外から多くの義援金が届いた。

当時の内務省の資料によると、その総額は約６４５９万円に上り、その3分の1以上にあたる約２２１１万円、現在の貨幣価値で約１００億円以上は、海外約30カ国から寄せられたという。

その後、関東大震災が起こった9月1日は「防災の日」と定められ、防災訓練や防災を啓発する行事が全国各地で行われるようになった。

人類はこうした巨大地震を過去に何度も経験した。そのたびに、いつかまた必ず発生する巨大地震に向けて、次の世代に役立つようにと、記録や教訓を残してくれている。

当時の人たちが、未来の私たちに目を向けてくれていたんだね。

歴史を学んだところで、何かあったときに実際に役立つかどうかはわからない。でも、いつ何が起こるか予想ができない中、どのようなことが起こりうるか、人々はどのようにして乗り越えたか、これらを知るには、歴史を学ぶほかない。
私たちは記録をひもとき、先人たちの体験や犠牲を知り、有事、つまり非常の事態にそれを活かす。そしてまた、私や君たちが次の世代へと伝えることで、過去、現在、未来が結ばれ、歴史が連鎖していくんだ。

天気予報が消えた日
日本を救うべく命をかけた観測員

日本で関東大震災が起きた頃、イギリスで、世界の天気予報に革命的な変化をもたらす本が出版された。きっかけは、数学者、ルイス・フライ・リチャードソンという人が、「**計算を使って天気を予報することはできないだろうか**」と考えたことだ。つまり、「現在の大気の状態」を、物理学の方程式に当てはめ、そこから「未来の大気の状態」を導くことができないかと。これを「**数値予報**」という。

雲や雨を眺めていると、天気に法則なんてないように思えるよね。でも、「実は、ちゃんと物理法則に従って、大気が変化しているにちがいない。ということは、**方程式に当てはめて計算すれば、未来の天気を予測できるはずだ**」と考えたんだ。

でもこの時代はまだコンピュータがないよね。どうやって計算するの？

すべて手計算をするしかなかった。しかも大気の状態というのはあまりに複雑なので数値化が困難で、なかなか方程式に当てはめることができない。

リチャードソンは教職を経て、イギリス気象局の所長に就任。その任期中に第一次世界大戦が始まる。彼は、キリスト教の一派であるクエーカー教徒であり、クエーカーとしての信念もあって平和を重んじていた。そのため、戦争では従軍を拒否し、救急支援隊に志願。負傷者を車で運んでいる最中も、天気の数値予報の計算をしていたといわれている。

　1918年に第一次世界大戦が終わり、リチャードソンはイギリスに帰国すると気象局に復帰し、研究を再開。膨大な時間をかけて数値予報に取り組んだのだけれど、計算が導き出した結果はあまりに非現実的なものだった。彼のチャレンジは残念ながらそこで途絶えた。

あきらめちゃったの？

1920年に気象局が空軍の傘下に入ると、平和主義者のリチャードソンは気象の技術が軍事利用されることを懸念し、それまでの研究すべてを廃棄して、気象局を去った。
　その後、1922年、自身の構想と失敗を本にまとめ、『数値手法による気象予報』と題して出版した。自分のチャレンジは失敗に終わったが、数値予報の構想自体は間違っていない、6万4000人が1人の指揮者のもとにオーケストラのように計算すれば、膨大な計算時間も短縮できる、いつか必ず誰かが数値予報を実現してくれるはずだと。その構想は「リチャードソンの夢」と呼ばれ、気象関係者の間で広まっていった。

このときはまだ、すごいことを考える人の構想に、技術が追いついていなかったんだね。

その数十年後、この本を熟読したアメリカの数学者、フォン・ノイマンがついに数値予報の

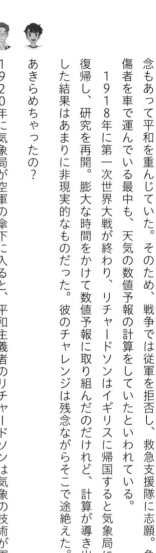

計算に成功する。第二次世界大戦の「マンハッタン計画」で重要な役割を担った人物だ。

マンハッタン計画？

広島と長崎に落とされた、原子力爆弾を開発するためのプロジェクトだよ。

　第二次世界大戦は、天気が深くかかわる出来事がたくさんあった。原爆の投下場所は、天気によって決められたし、氷点下42度の大寒波がドイツのモスクワ侵攻を妨げた「独ソ戦」や、嵐の情報が勝敗を分けた「ノルマンディー上陸作戦」とかね。それに、この大戦中、日本から「天気予報が消えた」んだ。

え、どういうこと？

１９４１年12月8日、ハワイにあるアメリカの軍事拠点、パールハーバー（真珠湾）へ、日本軍は奇襲攻撃をしかけた。それから数時間後、軍部から中央気象台へ、「**気象報道管制**《かんせい》」の命令が下った。気象情報は重要な軍事機密だったため、戦争を有利に進めるべく、自国の気象情報を隠し、気象に関して報道することを禁止したんだ。

観測もやめてしまったの？　関東大震災でもがんばって続けたのに。

観測自体は続けていたよ。そのため、太平洋戦争の初期は、ラジオや新聞では必要に応じて

一部、報道することもあった。でも、戦局が悪化し始めると、それすらも禁止された。

天気予報が急になくなったら、人々は困ったりしない？

そうなんだ。気象状況がわからず、戦時中は台風による被害で多くの人が犠牲になったといわれている。台風が来ることを知りながら家族にもそれを言えない。自然災害が多い日本で、人々に気象情報が入ってこないというのは大変なことだと、当時の中央気象台の職員がそのときの苦悩を後日、語っている。

台風が迫ってきていることがわかっているのに、それを人々に伝えられず、被害が拡大するのを見ているしかできないなんて、悔しかっただろうなあ。

ほかにも気象観測の記録には、戦地の悲惨な状況を示すものも残されている。

１９４５年４月１日、約20万人のアメリカ軍が沖縄本島に上陸し、沖縄戦が始まった。激しい地上戦が繰り広げられる中も、沖縄気象台での観測は続けられていた。しかし、観測拠点が攻撃を受け、５月26日にはデータの記録が途絶えてしまう。

気象台の職員は南へ逃れながらも、６月１日に観測を再開。アメリカ軍が南部に侵攻し、どんどん迫ってくる中、沖縄の気象データは日本本土へ送られ続けた。アメリカ軍に見つからないよう、お墓の中に入って観測を続けた人もいたという。

なぜそこまでして送り続けたの？　何とか生き延びて、そこでまた再開すればいいのに。

本土からの援軍が沖縄に向けて出撃する際に、沖縄の気象情報が必要だったんだ。
　気象データが沖縄を救うことになると信じて、命がけで本土に気象データを送り続けた。もちろん、社会情勢上、軍からの命令は従わざるを得なかっただろう。一方で、気象観測を続けることが自分たちの戦いだという使命感もあった。それが途絶えれば、沖縄、そして日本は不利になると。
　気象台の職員たちが最後にたどり着いたのは、沖縄本島の最南端、現在の糸満《いとまん》市で、ここでも多くの人が犠牲になりながら、沖縄戦が終結する直前の6月20日まで気象データを送り続けた。
　1945年6月23日、沖縄における日本軍の司令官が自決し、沖縄での戦闘は終結。日本側の死者約18万人、そのうち約10万人以上が一般人だった。糸満市に建てられた慰霊碑には、沖縄本島で亡くなった気象台職員33人含め、太平洋戦争で亡くなった職員72人の名前が刻まれている。

その後、戦争はどうなったの？　日本は負けたんだよね。

日本各地で空襲が続き、特に1945年3月10日の東京大空襲では10万人以上の人が亡くな

り、約100万人が焼け出された。軍事同盟を組んでいたイタリアは1943年9月に、ドイツは1945年5月に降伏したのだけれど、日本は戦争をやめる決断ができなかった。

そして1945年8月6日午前8時15分に広島へ、8月9日午前11時2分に長崎へ、原子力爆弾が投下され、この人類史上初めての核兵器による攻撃で、合わせて約21万人が犠牲になってしまう。あくまでその年のうちに亡くなった人の数で、原爆の放射線は、戦争が終わってからも多くの人々を苦しめることになる。

8月14日、日本は無条件降伏し、8月15日に国民へ敗戦を発表。9月2日に連合国代表に対し、日本政府が降伏文書に署名して、長年に渡る戦争は終結した。この大戦での死者は、日本は約310万人、アジアでは2000万人以上、世界では6000万人に達したといわれている。

戦争が終わり、ラジオから天気予報が流れてきたとき、人々は平和を実感したという。

レーダーが探知したのは敵機ではなく雨粒!?
戦争と天気とコンピュータの深すぎる関係

これまでの多くの話にもあったように、気象と戦争というのは関係が深い。そして、戦争によって科学技術が発達するという現実がある。第二次世界大戦は、現代の気象観測で重要な

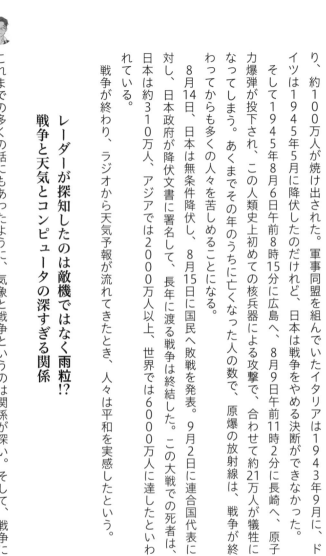

役割を担っている2つの技術の発達に、大きな影響を与えることとなった。

2つの技術？

一つは「**レーダー**」。戦争では、空中の航空機の存在をいかに早く把握するかが重要となる。最初に敵機の存在に気づいたほうが当然、有利だからね。そのため、レーダーの電波を飛ばして、遠くの航空機を探知する技術には、非常に高い精度が求められた。

それがどう、気象観測の技術に関係するの？

レーダーを飛ばすと、なぜか一部のレーダーが跳ね返ってきてしまう。どうやら、大気中の雨や雪に当たっているようだ。その情報は軍事的には「ノイズ」だけれど、数１００メートル先の雨粒や氷粒の大きさ、雲の厚さなどを探知できることは、天気の把握に応用できると気づいた。そこから軍用レーダーは、気象レーダーとして転用され、降水量を推測したり、嵐の規模や強さ、進行速度を調べたりと、気象観測に必要不可欠なものとなったんだ。

もう一つは？

「**コンピュータ**」だ。１９４６年、大砲の弾道の計算や、敵国の暗号の解読を行うため、「ＥＮＩＡＣ（エニアック）」というコンピュータが開発された。諸説あるけれど、これが世界

最初のコンピュータといわれている。大砲の弾道というのは、角度や速度だけでなく、温度や湿度、風速などの気象条件も踏まえて計算しなくてはならないんだ。

軍事用に開発されたコンピュータが、気象観測でも活用されるようになっていくんだね。

さっき話したアメリカの数学者のノイマンは、爆発の際の流体力学《りゅうたいりきがく》を研究するためにコンピュータの開発にかかわるようになり、第二次世界大戦では原子力爆弾の開発に携わった。

戦後、ノイマンはコンピュータ活用の対象として気象に注目した。**観測技術が発達し、各地から膨大な観測データが集まるようになると、それらのデータの品質を管理し、正確に計算する必要が出てきた**ためだ。そして、リチャードソンが構想した「数値予報を用いて未来の天気を予測すること」に、関心を持つようになる。ノイマンは気象学者たちとチームを結成し、コンピュータを用いた数値予報の実験を開始。彼らはリチャードソンが書いた本を読み、なぜ彼が失敗したかもとことん研究し、ついに数値予報の計算に成功した。

リチャードソンの夢が現実になった瞬間だね。

それまでひたすら手作業だった天気予報が、この時を境に、コンピュータによる数値予報へと置き換わった。その後、急速に世界中へ数値予報が普及していったんだ。

日本では、1956年に「中央気象台」から昇格した「**気象庁**」が、1959年3月に「I

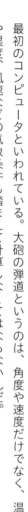

ＢＭ（アイビーエム）７０４」というスーパーコンピュータを導入し、同年6月から**数値予報を開始**した。日本で最初にスーパーコンピュータが官公庁に導入された歴史的瞬間だ。

ただ、当然、現代のコンピュータの性能には遠く及ばないもので、導入当初の予報の精度は、人間にはまったく敵わなかった。そのため、普及までに相当な時間がかかったんだ。

「よくわからない機械がきたけど、使えないよね」って、しばらく放っておかれたのかな。

それまでは、観測結果をもとに、主観、つまり、予報官の経験と勘によって、天気図が描かれてきた。そのため、予報官ごとに予報の精度が左右されてしまっていた。
でも、コンピュータの性能の向上と共に、少しずつ活用されるようになり、予報精度もどんどん上がっていった。**誰が予報してもほとんど同じ予報ができるようになり、数値予報は、天気予報の基礎資料として欠かせないものになっていったんだ。**ちなみに、２０２４年3月に新しいスーパーコンピュータの運用が始まったよ。初代から数えて11代目になる。

でもそうなると、気象予報士はいなくなっちゃうんじゃないの？

たしかに、現代では、蓄積された過去の膨大なデータをもとに、コンピュータがすべて予報を弾き出している。でもそれは、数字が並ぶただの「データ」だ。それをそのまま見せられても一般の人はわけがわからないよね。そのデータをもとに、みんながわかることばを使っ

て「翻訳」する人が必要であり、それが気象予報士の現代の役割なんだ。

たしかに、テレビで天気予報を見ていても、解説がなければよくわからないものなあ。

でも、なぜ気象庁の人がやらないの？

天気というのはそれぞれの地域によってさまざまだ。国内すべての地域を気象庁がカバーするのは限界があるので、地域的な天気予報は、基本的に民間の人たちに任せているんだ。

　少し専門的な話になるけれど、天気予報の具体的な流れを説明するね。まずは、気象衛星や気象レーダー、アメダス（地域気象観測システム）、海洋気象観測船、海外の気象観測所などのデータを、コンピュータに取り込んで、処理する。すると、数値予報が出てくる。

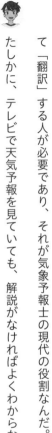

　これがそのまま天気予報になるわけではなく、「**天気予報ガイダンス**」と呼ばれるシステムが、数値予報をもとに、天気予報のための支援資料をつくってくれるんだ。数値予報というのは、細かな地理的な特徴や環境は考慮されないのだけど、実際の天気というのはそれらの影響が大きい。ガイダンスは、コンピュータが出した数値予報に、そうした過去の観測データを組み合わせて統計的に処理し、より人間にわかりやすくしてくれる。

　その結果が気象予報士や気象庁の予報官たちに送られ、数値予報の「癖」を念頭に置きながら、現在の天気や気温、降水量の変化、対象地域の地形などを踏まえて、人間が最終的に判断する。こうして天気予報が出来上がる。

最後はやっぱり、人間の判断が必要なんだね。

そして、気象予報士やお天気キャスターが一般の人の視点に立って、わかりやすく解説してくれる。どんなに正確に予報しても、一般の人に伝わらなければ意味がないからね。

　自然現象というのは日々変化するし、めったに起こらない現象が起こることもある。そのすべてを解明することは不可能だ。コンピュータが天気予報のベースとなるデータを出してくれるとはいえ、その都度、データの妥当性、つまり「このデータは正しいだろうか」というのを判断し、それを立体的に解説するのは、まだまだ人間の役割なんだ。

今後、天気予報はどうなっていくのかな。

数値予報の精度が向上していくと、社会に役立つことが増えてくる。

　例えば、運送業。車、飛行機、船などで、物を安全に運ぶとき、天気は重要だよね。コンビニなどの小売業でも、売れる商品は天気によって変わるので、何を仕入れるかの判断に役立つ。当然、観光業やイベント業、農林水産業にとっても、天気予報は欠かせない。さっき関東大震災の話をしたけれど、もちろん防災にも役立つ。日本は災害の多い国だからね。**天気予報や気象情報というのは、とても大事なインフラ（人々の生活を支える基盤）だ。**

数値予報の精度をこれ以上向上させることなんて、できるものなの？

コンピュータの性能というのは、今もすごい勢いで進化しているんだ。最近もっとも大きな期待が寄せられているのが、「量子《りょうし》コンピュータ」の活用だ。

量子コンピュータって？

従来のコンピュータで解くには複雑すぎる問題を、「量子力学」という物理学の法則を利用して解く、新世代のコンピュータだよ。量子コンピュータを活用することで、数値予報の精度は一気にレベルアップし、従来のコンピュータが一度に処理できる情報量を、劇的に超えてしまうかもしれない。気象予測の超高解度化、つまり、ものすごく細かく気象予測ができるようになり、天気予報にブレイクスルー（大躍進）をもたらす可能性を秘めているんだ。

今よりもっともっと細かい天気予報が可能になるかもしれないんだね。

それには何より、「**データの蓄積と連携**」がポイントになってくる。気象を研究する「気象学」は、「Developing Science（発展途上の科学）」とも呼ばれるように、毎日の気象によってどんどん理解が更新されていく、つねに発展している学問なんだ。そのため、数値化や定量化がとても難しい。

最初のわずかな誤差が、どんどん拡大し、当初の予想とまったく異なる「カオス」が起きたり、わずかな揺らぎがいつの間にか大きな気象現象を引き起こす「バタフライ・エフェクト」（※）が起きたりもする。そのため、データの蓄積が必須なんだ。

また、気象、地象、水象、生物、それぞれの研究やデータの連携が進めば、台風などの進路や威力を今以上に細かく予測することや、気候変動や地球温暖化の影響を解明することにも、役立てることができるようになるかもしれない。

※「蝶の羽ばたきが巡り巡って竜巻を引き起こす」という意味がある

今後どうなっていくのか、楽しみが半分、不安が半分だな。

どうして不安なの？

自然と共生するのではなく、「自然はコントロールできるものだ」と人間が思い込んでしまわないかとか、コンピュータによる予報に頼ってしまい、自分たちの目と感覚で気象を知ろうとすることを止めてしまわないかとか……。

そうだね。技術はあくまで技術だからね。自然への畏怖と、人間も自然の一部であるという自覚は、つねに持っていないといけないね。

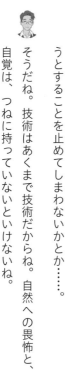

身近なのに意外と知らない「雲」のこと

「人類の歴史」と「自然の現象」が似ているのは偶然か？

今の話で思い出した。おじさんさっき、「氷河時代」の話をしてくれたよね。そのときに引っかかっていたことがあったんだ。聞いてもいい？

もちろんだよ。何だい？

今は「氷河時代」の中の「間氷期」の中の「温暖期」なんだよね。「地球温暖化」が世界的に問題になっているけれど、そのサイクルを考えると、いずれまた地球は「小氷期」に入っていくんじゃないの？

良いところに疑問を持ったね。たしかに、順調にそのサイクルが訪れるのであれば、地球はいずれ小氷期に入るだろうね。実際、１９７０年代までは、地球温暖化の議論はまだ起こっていなくて、地球寒冷化が心配されていたんだ。

そうなの？　今とは真逆だね。

でも、次もこれまでと同じサイクルになるかどうかは、誰もわからない。これまではたまたまそのサイクルだったけれど、今後は違うかもしれない。今（2024年現在）、100年あたり、世界では約0・76度、日本では約1・35度の割合で、1年の平均気温がどんどん上がっていっている。これはだいぶ早いペースなんだ。

明治の頃は、東京で最低気温が0度以下の日は、平均して1年で60~70日あった。それが現代では、1年で数日あるかどうかだ。さらに、最高気温が35度以上の猛暑日が、100年前と比較して今は約3・5倍増えている。そう考えるとだいぶ深刻だよね。

さっき、データの蓄積と連携が大切という話をしたけれど、この、地球の気温が上昇しているというデータと、人間が化石燃料（※）を使用した際などに発生する二酸化炭素のデータを、照らし合わせてみたところ、ほぼ比例していた。

※化石燃料は、植物や動物の体が地中に埋まってできた石炭や石油などのこと。こうした石炭や石油の大量消費などにより、大気中の二酸化炭素の濃度が増加すると、温室効果（温室のように地球を暖かいままにする効果）が強まり、地球温暖化が加速するといわれている

つまり、どういうこと？

地球は、たしかに少しずつ気温が上昇しているのだけれど、これを人類が加速させているということだ。多くの研究の積み重ねによってこのことがデータで裏付けされたため、IPCC（※）という団体が「地球温暖化は人類の活動に起因する」ことを世界に明言した。別の要因を指摘する意見もあるけれど、これを覆すほどのデータがあるわけではない。

これまでの気候変動は自然を要因としたもので、人類はあくまで受け身の立場だった。でも、その要因に、地球の歴史で初めて、「人類の活動」が加わった。つまり、**これまでの自然のサイクルにはない状況が生まれている**ということなんだ。さっき、気候というのはシステムなんだという話をしたよね。こうした、人類によって自然のシステムが変わってしまった時代を「人新世（ひとしんせい／じんしんせい）」と呼んだりするよ。「人類の時代」という、少しネガティブなニュアンスで使われることが多いかもしれないね。

※ＩＰＣＣは、正式名称を「気候変動に関する政府間パネル」といい、日本含め世界中から選ばれた科学者がそれまでに発表されている気候変動に関する研究を評価・整理し、わかりやすくまとめ、報告書として公表することを任務とする国際団体。１９８８年に国際連合のもとで発足した

今後の地球の気象のサイクルが、違うものになっていくってこと？

そうかもしれないし、ただの懸念かもしれない。それは現段階では誰にもわからないんだ。とはいえ、このペースで温暖化が進めば、いずれにせよ次の小氷期が訪れる前に、地球温暖化が大規模な気候変動を引き起こし、人類含め地球の生態系に大きな影響を与えるだろう。これまでの歴史を振り返れば、飢饉や疫病、戦争が起こる可能性だってある。

人類の活動が温暖化に影響しているのであれば、人類が温暖化を食い止めることもできるはずだね。

そうだね。人為的に地球のサイクルや環境をコントロールすることなんて到底、できないのだから、地球に余計な負の要因を与えないよう、人類が協力し、各国が連携し、温暖化の加速をまずは止めなければいけないんだ。

二酸化炭素排出の多くは企業によるものだけど、もちろん、私たち一人一人ができることだってたくさんあるはずだ。電気のムダづかいをしないようにする、服や道具を長く使ったり、地産の食材を使ったりして、製造や輸送に使う燃料を少しでも減らす、とかね。全体からすると微々たるものかもしれないけれど、人々の意識が変わっていけば、社会も変わっていくはずだ。例えば、昭和ぐらいまでは、いたるところでタバコを吸えたけれど、今ではそれは非常識だ。一人一人が取り組めば、次第に社会は変わるものなんだ。

なるほどね。どのように政府や企業が取り組んでいるのか、どこまで各国の連携が進んでいるのか、私たち個人にできることは何なのか、いろいろと気になってきた。

ぜひ調べてみるといいよ。ただ、人々の「環境を大事にしたい」という気持ちをビジネスに悪用した、根拠もないのに「環境にやさしい」をうたった怪しい商品や、「グリーンウォッシュ」と呼ばれる、見せかけだけのエコをアピールする企業も、残念ながらたくさんあるので、そこは注意してね。

あ、あともう一つ、モヤモヤがあった。おじさん、さっき雨が降り始めたとき、雲の種類について問題を出したよね。答えはいくつなの？

あれ？　答えを言っていなかったっけ。**雲の種類は10種類**だよ。

たったそれだけ？

雲自体は「水や氷の粒の集まり」だけど、雲の形や、できる場所の高さなどによって、世界気象機関（ＷＨＯ）が大きく10種類（※）に分類している。「十種雲形《じっしゅうんけい》」というんだ。

※巻雲、巻積雲、巻層雲、高積雲、高層雲、乱層雲、層積雲、層雲、積雲、積乱雲の10種

10種類以上ありそうだけどなあ。

雲の姿や構造の違いで分けた「種《しゅ》」、雲の並び方や透明度で分けた「変種《へんしゅ》」、雲の部分的な特

徴で分けた「副変種《ふくへんしゅ》」といった分類方法を組み合わせると100種類以上になるよ。

「うろこ雲」とか「ひつじ雲」とかは？

それらは雲のニックネームみたいなものなんだ。巻雲《けんうん》は「すじ雲」、巻積雲《けんせきうん》は「うろこ雲」、巻層雲《けんそううん》は「うす雲」、高積雲《こうせきうん》は「ひつじ雲」、高層雲《こうそううん》は「おぼろ雲」、乱層雲《らんそううん》は「雨雲」、層積《そうせき》雲《うん》は「くもり雲」、層雲《そううん》は「霧雲」、積雲《せきうん》は「わた雲」、積乱雲《せきらんうん》は「雷雲」、とかね。

「入道雲」は？

正確には「積雲」だけれど、「積乱雲」に近いものもあり、世の中の人たちはこれらをまとめてまるっと「入道雲」と呼んでいる。

正式名称よりもニックネームのほうが、なじみがあってわかりやすい気がする。

正式名称はたしかに同じような名前でわかりづらいよね。名前の最初に**「高」**か**「乱」**がつくものは高いところに浮かんでいる雲、名前の最初に**「巻」**がつくものはさらにずっと高いところに浮かんでいる雲、それ以外の、名前の最初に**「層」**か**「積」**がつくものは低いところに浮かんでいる雲、と何となくイメージしておくといい。

あと、名前のどこかに**「積」**が入っているものはモクモクしたかたまりの雲、**「乱」**が入っているものは暴れん坊で雨や雪を降らせる雲だよ。積乱雲がまさにそうだね。

積乱雲は、今日の話にたくさん出てきたね。

そうだね。**積乱雲というのは、大気が不安定な状態のときに発生・発達しやすくなるんだ。**

「大気が不安定な状態」ってよく聞くけれど、どのような状態なの？

空気というのは、温度が高いと軽くなり、温度が低いと重くなる。そのため、上空に軽い（温かい）空気があり、地上に重い（冷たい）空気がある状態であれば、「大気が安定している状態」だ。

重いものの上に軽いものが乗っているってことだね。

逆に、上空に重い（冷たい）空気があり、地上に軽い（温かい）空気がある状態だと、どうなると思う？

軽い（温かい）空気は上空へ昇ろうとするのかな。

その通り。そして重い（冷たい）空気は地上に降りようとする。お互いがぶつかり、対流が起こって、大気全体がフラフラする。これが「大気が不安定な状態」だ。上空に昇る温かい

空気が、冷たい空気に触れると、空気中に含まれる水蒸気が凝結、つまり、水滴となる。そしてモクモクした暴れんぼうの雲、積乱雲が生まれる。

積乱雲は、雨となって地上に降り注ぎ、地面に浸透して川となり、海に流れる。そして太陽の光によって蒸発し、水蒸気となってまた雲に生まれ変わる。

循環しているんだね。

天気が教えてくれるもっとも大事なことは、**「気象というのは安定と不安定の間にある」**ということなんだ。安定した天気が続くと、必ず不安定が増大する。それらは積乱雲となり、安定へ変えるためにエネルギーを放出する。大雨が降り、嵐を巻き起こすこともある。

　人間の世界も同じで、安定が長続きしているように見えても、その裏で不安定が大きくなっている。たまに不安定を解消させなければ、どんどん大きくなり、それが戦争や革命へとつながっていく。それが人類の歴史なんだ。

POINT!

気象というのは安定と不安定の間にある。
人類も同じで、自然の現象に学ぶことは多い。

エピローグ

祭りのあと――「山と雨の国」のさだめ

「人の波がだいぶ落ち着いてきたね」

ワタルが駅の方角を見ながら言った。

「湖畔のほうもすいてきたね。せっかくだから、湖の近くまで行ってみようか」

駅に向かうと思っていたメグルとワタルは、ミナカタの提案を意外に感じたが、すぐに興味へと変わった。

「たしかに、まだ遠くからしか、湖を見ていなかったね」

「行こう、行こう」

3人は駅とは反対方面に歩き、湖畔までやってきた。お酒を飲みながら盛り上がる若者たち、肩を寄せ合うカップル、会場を片付け始めている町内会の人たち……。会場はまだまだ人が多い。湖上に浮かぶステージからお囃子《はやし》の音が聞こえる。

「湖、広いなあ」

ミネラルウォーターを飲みながら、ワタルはぐるりと湖を見渡した。

「あれ、何だろう」

メグルが何かに注目した。視線の先には白いものが湖に浮いている。

「ああ。今は暗くてよく見えないけど、大しめ縄《なわ》だよ」

「大しめ縄？」

「湖の対岸が森になっているよね。くぼみになっている部分があって、ボートで少し奥へ行けるのだけど、その入口に、大きなしめ縄が吊るしてあるんだ。結界みたいにね」

「え、何のために？　何か怖いんだけど」

「パワースポット？」

　次々と2人に疑問が湧いてくる。

「ボートで近くまで行って、手を合わせると、恋愛が成就するらしいよ」

「本当？　縁結びの神様が湖の奥に祀《まつ》られているなんてことあるの？」

「本当さ。今日はお祭りなので乗り場はやっていないけれど、今度またここを訪れて、ボートで行ってみるといい」

「いいじゃん。私もついていってあげるよ」

「いや、2人ともボート漕いだことないから、不安しかないよ……」

　3人の笑い声が湖にこだまする。空に雲ひとつなく、湖面には満天の星が映っていた。

花火大会って、いつから行われているんだろうね。

花火というのは、火薬や狼煙《のろし》の歴史でもあるので、花火自体は、それこそ紀元前からあったみたいだよ。お祭りなどで美しい花火を打ち上げるようになったのは、日本においては、1733年に隅田川で行われた「水神祭《すいじんさい》」が最初らしい。

それが、「隅田川花火大会」の始まり？

そうだといわれているよ。当時、江戸だけでなく日本全国が飢饉や疫病に見舞われ、多くの死者が出ていた。その慰霊《いれい》のためや、「早く災《わざわい》が去りますように」と厄除けのために、水神《すいじん》祭《さい》が行われ、そこで花火が打ち上げられたんだ。

　水神というのは、井戸や水くみ場、山などの水源地などに祀《まつ》られている神様だよ。作物の収穫を左右する「水」は、日本人のような農耕民族にとって、生活を支える非常に重要なものなんだ。

1733年って、江戸時代だよね。その頃に起きた大飢饉って、え〜と……。

享保の大飢饉だ。ただ、隅田川で花火が打ち上げられたのは、水神祭とは関係なく花火師たちが花火の宣伝のために打ち上げたという説もある。あるいはその両方、つまり、水神祭の開催には費用がかかるので、料亭や船宿のほか、花火師たちもお祭りのスポンサーとして関わっていたのかもしれない。いくつかの説があり、正確な発祥はわからないんだ。

　いつしか打ち上げ花火というのは、先祖の供養や亡くなった人たちへの鎮魂、厄除けといった意味合いが込められるようになっていった。もちろん、すべてではないけれどね。

今日の花火大会も、何かきっかけがあって始まったの？

この湖は人工湖、つまり、自然にできた湖ではなく、人工的につくられた湖で、もともと人が住んでいた村をダムの貯水湖にしたんだ。そのため、湖の底には村が眠っている。

そうなの!?　この下に村が？

ああ。人口増加に伴い、神奈川県では生活用水が足りなくなって、１９３３年、ここにダムを建設する計画が浮上したんだ。さらに、軍需工場への電力供給や、工業用水の供給といった国策によって、１９３８年、ダムの建設が決定した。

自分たちの村がダムに沈むことに、村の人たちは反対しなかったの？

当然、猛反対したよ。でも、アジア大陸での戦火が広がり、太平洋戦争が目前に迫っているという社会情勢の中では、そのような声は、あっという間にかき消されてしまった。

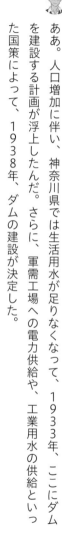

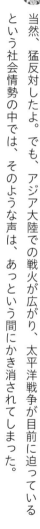

村長たちが県庁へ陳情へ行くと軟禁されたり、陸軍や海軍の列が練り歩いて「こんな小さい村なら、爆弾3発だな」「反対したところでダムは造られてしまう。そうすればどこも水浸しだ。住みたくったって住めない」と脅かされたと、記録にある。

ひどいなあ。

ダム建設は押し切られ、1940年に着工。日本の敗戦が濃厚になるにつれ、建設はたびたび停滞したが、1947年にようやく完成した。すでに太平洋戦争は終わっていたため、軍需工場ではなく、横浜や川崎の京浜工業地帯の電力供給や工業用水の供給に活用され、戦後の復興に大きく貢献した。

　当時、ダムをつくるというのは命がけの作業で、完成までに83人が犠牲になってしまった。その鎮魂として始まったのがこの花火大会で、「湖上祭《こじょうさい》」ともいう。

このダムは、今も神奈川の人たちの生活用水に使われているの？

そうだよ。君たちが住む横浜含め神奈川の水源の60％は、神奈川の中心部を流れる相模川によるもので、その水量を、このダムや下流の複数のダムで調整している。相模川の氾濫を抑えるためにも、神奈川へ安定的に生活用水を供給するためにも、大切な湖なんだ。

横浜から遠く離れた湖が、僕たちの生活を支えているとは、想像もつかなかった。

「水を飲むときには、必ず、井戸を掘ってくれた人の苦労に感謝しなさい」ということばがあるけれど、今は仕組みが複雑化して、誰に感謝すればいいかよくわからないよね。

　日本列島というのは、国土の7割が山地や丘陵だ。それに日本は雨が多く、年平均の降水量は、世界の陸域の年平均降水量の約2倍もある。山に降り注ぐ雨が、森林が吸収できる量を超えると、水は谷を下って川となり、平野を流れ、海へ出ていく。それが蒸発して雲となり、また雨となって降り注ぐ。

　これらは、太陽の恵みがもたらす水の循環の一部だけれど、短時間で雨が集中すれば土砂崩れが、川が許容できる範囲を超えれば洪水が、雨が降らなければ水不足が、起きてしまう。こうした災害を抑えるために、効率よく水を集めて活用するのが、ダムの役割なんだ。

　それに、ダムでは、水が落ちる勢いや水の圧力を利用した「水力発電」も行われている。水力は、人類がもっとも古くから活用してきた自然エネルギーの一つで、日本では１５００年以上前から使われてきた。

さっきの江戸の話でも、水運や水車が江戸の発展に役立ったって言っていたね。

太陽と水がある限り、ほぼ無限に使うことができるし、水の流れは、24時間休みなく働いて

くれる。そして日本は太陽の光と水に恵まれている。水力エネルギーは、日本の風土に適した、貴重な国産エネルギーなんだ。

おじさん、天気や歴史に詳しいだけでなく、ダムにも詳しいね。

まるでその話をしたかったかのように……。

お、するどいなあ。実は、私の祖父と祖母は、この湖の下で眠る村で暮らしていたんだ。

え！　つまり、私たちのひいおじいちゃんとひいおばあちゃん？

そうなんだ。君たちの先祖が代々、暮らしてきた土地は、今は湖の奥底にある。お母さんに、そのこともついでに2人に伝えておいてね、と言われたんだ。

だからお母さんは、おじさんと花火大会を見ておいでと言ったのか。

ここの花火がきれいだから、君たち見せてあげたいという思いと、直接、その場でそのことを知ってもらいたいという思い、どちらもあったのだろう。

でも、なぜ、今まで連れて来てくれなかったのだろう。

お母さん、人混みが嫌いだからじゃない？

それはお母さんに聞かないとわからないな（笑）。でも私が思うに、来るのが少し辛かったのかもしれないね。君たちのおじいさんは、君たちが生まれる前に亡くなっているよね。

工事の作業をしていて、事故で亡くなったんだよね。

君たちのひいおじいさんとひいおばあさんがこの村から立ち退くとき、県から補償料が支給されたのだけど、戦時中の債権《さいけん》（※）だったため、敗戦後のインフレ、つまり、ものの値段が上がり、お金の価値が下がってしまったことで、紙切れ同然になってしまったんだ。家が貧しかったため、君たちのおじいさんは、ここでダム建設をしていた作業員と知り合い、仕事を紹介してもらって、建設会社で働くことになった。

　その後、君たちのおばあさんと出会い、私や君たちのお母さんが生まれた。おじいさんは家族を養うためにガムシャラに働いた。でも、別の河川の堤防を建設している最中に、事故で亡くなってしまったんだ。私は当時、中学生で、君たちのお母さんはまだ10歳の頃だ。

※国や地方公共団体、金融機関や企業などが発行する有価証券。ざっくりいうと、「いくら払います」と約束事が書かれた紙

へえ〜。初めて聞いたな。当時は今では考えられないことがたくさんあったんだね。

戦後というのは、日本のいたるところで理不尽なことが起きていたからね。敗戦というのは悲惨なものだ。君たちのひいおじいさんとひいおばあさんは、ダムの計画で故郷を失い、おじいさんは、堤防建設の事故で亡くなった。だからお母さんは、こうした治水事業の場所は積極的に訪れたいとは思わないのだろう。

　でも、人々の生活に貢献している大切な事業であることはわかっているので、君たちに知っておいてもらいたい、そう思ったんじゃないかな。

今まで、ダムは僕たちと直接関係のないものと思っていて、興味がなかったけれど、その話を聞いて印象が変わったな。僕たちの生活に関係していたとはね。山奥に急に人工的な建造物があって、でも人影はなくて、何となく怖いイメージしかなかったよ。

たしかにダムは大事かもしれないけれど、私は、人の生活や故郷を奪ってまでつくるべきものなのか、山を削って自然を水没させるほどの自然破壊をしてまで、人間が発展することが果たしていいのか、モヤモヤしているなあ。

そうだね。モヤモヤすることはいいことだ。考え、そして視点が増えるきっかけになる。実際、ダムに関しては、「周辺の自然環境に悪影響を及ぼしている」「公共事業をめぐる癒着《ゆちゃく》や談合《だんごう》の温床《おんしょう》だ」「ダムは役割を終えた。ダム含めすべての治水対策を抜本的に見直すべきで

は」といった、ダム不要論が１９８０年代以降に巻き起こった。

一方で、「ダムができてから洪水がなくなった」「地球温暖化で集中豪雨や洪水も増えるだろうから、これからより重要になる」「治水・利水・エネルギーを総合的に確保でき、水力発電もクリーンで経済的だ」といったダム肯定論もある。

現在までずっと賛否が分かれているんだ。

おじさんはどう思うの？

日本は、水に恵まれ、そして水に悩まされてきた。そのため、人々が安定的な生活をするためには、堤防やダムなどの治水事業は必要だった。戦後の焼け野原から復興するためにも重要な役割を担った。この事実は疑いようがない。でも、地理的にも財政的にも、大規模なダム建設の時代は終わったこともまた事実だ。
そのため、新たなダムはつくらずに発電効率の向上に注力し、一方で、水力発電を行っていないダムは、これを可能にしていくといいだろう。最近は、山間部の渓流や、農業用水路、都市部の浄水場、工場排水や下水処理などの水の流れを利用した、小規模な水力発電にも注目が集まっている。同時に、風力や太陽光、地熱、海洋エネルギーなど、自然の恵みを活かしたエネルギーの開発も進めていかなければならない。

地熱と海洋エネルギーって？

地熱エネルギーは、地下のマグマや水蒸気の熱を利用したものだよ。温泉卵や温泉まんじゅうだって地熱の利用だ。温泉の蒸気の力を使って蒸しているからね。海洋エネルギーというのは、波や海流の動きや塩分の濃度を利用したものだよ。

今日話したように、水も風も、水蒸気も海も、太陽が生み出している。太陽がすべての源であるなら、太陽含め自然のエネルギーを活かすことが理にかなっているんじゃないかなと、私は思う。……とはいえ、何が正解かはわからないというのが、正直なところかな。

おじさんにもわからない？

複雑化した現代において、答えなんてすぐに出るものではないからね。ただ、未来のために何かを残そうとしてくれた人たちの思いをムダにしないよう、君たち次の世代と一緒に、環境やエネルギーのことを考えていきたいと思っているよ。これからの未来は君たちのものだからね。君たちにもつねに考えてもらいたいんだ。

考える、か。

今日、話をした歴史上の人物も、考え、悩み、苦しみ、試行錯誤を繰り返した。思いを成し

遂げた人もいれば、志《こころざし》半ばでこの世を去った人たちもいる。歴史に名前が残らなかった名もなき偉人も、たくさんいるだろう。何をもって成功や失敗といえるか、その行動が正しいか正しくないかなんて、歴史がだいぶ先に進んでからでないとわからない。どれだけ進んでも人類にはわからないこともあるかもしれない。だから、知識と自分の直感を信じて、そのときに正しいと思ったことをするしかないんだ。

ただ、何もヒントがないわけではない。自然はずっと、人間に大切なことを教えてくれてきた。**自然というのは、「生産性」ではなく「再生力」で成り立っている。「効率」ではなく「適応」で成り立っている。**これらは自然の一部である人間にとって、大きなヒントになるはずだ。

知識と直感……。まだ僕にはどちらもないなあ。

大丈夫。今日、君たちは、先人たちの歩みを知ることができた。人の一生で経験から学べることは限られているけれど、歴史にはこれまでの人類の苦難や選択、教訓が詰まっていて、人類の経験を学ぶことができる。「知識」はこうして、学び、考えることで、身につけられる。そして私たちは、君たちの「直感」も信じているよ。

参考文献

『気象予報士という生き方』（森田正光著、２０２２、イースト・プレス）
『教養としての気象と天気』（金子大輔著、２０２２、ＷＡＶＥ出版）
『空のふしぎがすべてわかる！ すごすぎる天気の図鑑』（荒木健太郎著、２０２１、ＫＡＤＯＫＡＷＡ）
『読み終えた瞬間、空が美しく見える気象のはなし』（荒木健太郎著、２０２３、ダイヤモンド社）
『天気のことわざは本当に当たるのか考えてみた』（猪熊隆之著、２０２３、ベレ出版）
『空の不思議を科学する 天気・気象のしくみ』（武田康男著、２００９、永岡書店）
『やさしく解説 地球温暖化２ 温暖化の今・未来』（保坂直紀著、こどもくらぶ編、２０１７、岩崎書店）
『数値予報60年誌～数値予報課60年の歩み～』（気象庁予報部 数値予報課編、２０２０、気象庁）
『両国地域の歴史と文化』（東京都江戸東京博物館都市歴史研究室編、２０１１、東京都／公益財団法人東京都歴史文化財団／東京都江戸東京博物館）
『隅田川と本所・向島 ―開発と観光―』（東京都江戸東京博物館都市歴史研究室編、２０１４、東京都／公益財団法人東京都歴史文化財団／東京都江戸東京博物館）
『隅田川流域を考える ―歴史と文化―』（東京都江戸東京博物館都市歴史研究室編、２０１７、東京都／公益財団法人東京都歴史文化財団／東京都江戸東京博物館）
『改訂版 ダムの科学』（一般社団法人ダム工学会著、２０１９、ＳＢクリエイティブ）
『戦国日本と大航海時代 秀吉・家康・政宗の外交戦略』（平川新著、２０１８、中央公論新社）
『世論政治としての江戸時代』（平川新著、２０２２、東京大学出版会）
『桶狭間は晴れ、のち豪雨でしょう』（松嶋憲昭著、２０１１、メディアファクトリー）
『気象で見直す 日本史の合戦』（松嶋憲昭著、２０１８、洋泉社）
『気候で読む日本史』（田家康著、２０１９、日本経済新聞出版）
『気候で読み解く人物列伝 日本史編』（田家康著、２０２１、日本経済新聞出版）
『天気が変えた世界の歴史』（宮崎正勝監修／造事務所編著、２０１５、祥伝社）
『天災と日本人 地震・洪水・噴火の民俗学』（畑中章宏著、２０１７、筑摩書房）
『災害と妖怪 柳田国男と歩く日本の天変地異』（畑中章宏著、２０１７、筑摩書房）

『日本史サイエンス』（播田安弘著、2020、講談社）
『新編 新しい社会6 歴史編』（2024、東京書籍）
『小学 社会 6』（2024、教育出版）
『小学社会6年』（2024、日本文教出版）
『新しい社会 歴史』（2021、東京書籍）
『社会科 中学生の歴史 日本の歩みと世界の動き』（2021、帝国書院）
『中学社会 歴史 未来をひらく』（2021、教育出版）
『中学歴史 日本と世界』（2021、山川出版社）
『日本史用語集』（全国歴史教育研究協議会編、2023、山川出版社）
『図説 日本史通覧』（帝国書院編集部編、2014、帝国書院）
『最新世界史図説 タペストリー 十九訂版』（帝国書院編集部編、2021、帝国書院）
『江戸寺社大名庭園 路線図入り御江戸大絵図付』（2020、こちずライブラリ）
『こんなに変わった歴史教科書』（山本博文ほか著、2011、新潮社）
『東大教授の「忠臣蔵」講義』（山本博文著、2017、KADOKAWA）
『マルコ・ポーロ』（ニック・マカーティ著、久松武宏訳、2009、BL出版）
『コロンブス航海誌』（林屋永吉訳、1977、岩波書店）
『コロンブス 全航海の報告』（林屋永吉訳、2011、岩波書店）
『ジパング伝説 コロンブスを誘った黄金の島』（宮崎正勝著、2000、中央公論新社）
『岩瀬忠震 日本を開国させた外交家』（松岡英夫著、1981、中央公論社）
『危機の二十年――理想と現実』（E・H・カー著、原彬久訳、2011、岩波書店）
『歴史とは何か 新版』（E・H・カー著、近藤和彦訳、2022、岩波書店）
『歴史学の思考法』（東京大学教養学部歴史学部会編、2020、岩波書店）
『ふるさとに心注いで』（鈴木重彦著、2001、新世企画）
『グスコーブドリの伝記』（宮沢賢治著、1932）

あとがき

「因果応報《いんがおうほう》」や「風が吹けば桶屋《おけや》がもうかる」という慣用句があります。一見、関係のなさそうな要素同士でも、実は見えないところでつながっていることを表現した言葉です。こうした言葉が存在するように、昔から私たちは「物事のつながり」を大切にしてきました。

　世の中の事象は、さまざまな要素がお互いに影響を与えながら成り立っています。それぞれの「システム」が複雑に絡み合う現代において、「一つの出来事を多角的に見て考える力」が求められています。何か問題が起きた時、その周囲の要因だけでなく、もっと広く、大きな観点でその要因を考えてみる必要があるためです。例えば、従来の「歴史」は、「陸」の世界に比重が置かれてきました。しかし、世界をつなげている「海」から見てみると、これまでとは見え方もまた違ってくるはずです。海に囲まれた日本は「陸」としては孤立していますが、「海」の視点では世界とつねにつながっています。

　本書は、歴史上の出来事を、陸も海もひっくるめての「天気」という軸で解説しました。歴史は、人間と自然環境とが相互に影響しあって形成されていくものです。２０１５年、国際連合において世界中のさまざまな立場の人々が話し合い、人類がこの地球で暮らし続けていくために２０３０年までに達成すべき17の目標を掲げました。その一連の目標を「ＳＤＧｓ《エス・ディー・ジー・ズ》」と呼び、その13番目に「気候変動に具体的な対策を」という目標があります。

　気候変動は、私たち人類にとって直接的にも間接的にも重要な問題です。地球のどこに住んでいる人も、気候変動の影響を受けないことはありません。地域の天候が変化したり、海面の水位が上昇したり、異常気象が起きたりと、すでに世界中でその影響が顕在化しています。それらは巡り巡って、食べ物や飲み水の安定的な確保、生き物が生きていくための環境保全、電気や石油などのエネルギー供給、インフラなど、あらゆる分野に影響が及びます。脆弱《ぜいじゃく》、つまり、もろくて弱い生活環境に置かれている人たちから被害が深刻化し、それはあっという間に人類全体に広まるでしょう。

　本書を読んだ方々が、楽しみながら、歴史や環境を多角的な視点で見つめ直すきっかけとなれば幸いです。本書を執筆するにあたり、山本真哉氏と佐野文絵氏（三省堂）、森田正光氏（ウェザーマップ会長）、平川新氏（東北大学名誉教授）、石田祐康氏、森大和氏、須山奈津希氏、宇田英男氏（スタジオエイトカラーズ／ノーヴォ代表）ほか、多くの方々に多大なご協力を頂戴しました。本当にありがとうございました。理解を示してくれた家族にも感謝します。わかりやすさと会話によるリズムを重視するため、むずかしい専門用語や学術的な話題は避けたつもりですが、正確性や諸説あるものに関しては、トレードオフせざるを得ないことも多々ありました。本文中のいかなる過誤も作者である私の責任であることは論を俟《ま》ちません。最後に、ここまで読んでくださった読者の皆様へ、心より御礼申し上げます。

著者プロフィール

雪ノ光
ゆきのひかり

東京都生まれ。慶應義塾大学大学院システムデザイン・マネジメント研究科修了。グラフィックデザイナー、アートディレクター、コピーライターを経て、現在は、オンラインメディア、書籍、雑誌、漫画など、複数のメディアで企画や構成、編集、執筆、情報設計にたずさわる。インフォメーション・アーキテクチャの手法とシステム思考×デザイン思考をベースに、世の中の複雑な事象を多視点で解きほぐし、クリエイティブな観点で再構築し、やわらかなことばで世に放つ。対象ジャンルは、歴史、IT、経済、建築、経営、法律、音楽、映画、アート、デザインなど。趣味は音楽鑑賞や温泉・史跡巡り。
mail：midnightcoffeeeee@gmail.com

表紙イラスト＆キャラクターデザイン：石田祐康
本文イラスト：
　須山奈津希（P35、P84、P90、P115、P124、P166、P236）
　雪ノ光（P14、P39、P53）
デザイン：waonica
組版：株式会社双文社印刷

空を見上げて歴史の話をしよう

2024年11月11日 第1刷発行

著者　雪ノ光
発行者　株式会社 三省堂　代表者 瀧本多加志
印刷者　三省堂印刷株式会社
発行所　株式会社 三省堂
〒102-8371　東京都千代田区麴町五丁目7番地2
電話　(03)3230-9411
https://www.sanseido.co.jp/

落丁本・乱丁本はお取り替えいたします。

〈歴史の話をしよう・256pp.〉
ISBN978-4-385-36171-0